I0101845

DANTE N'AVAIT RIEN VU

Published by Les Editions de Londres

© 2016- Les Editions de Londres

www.editionsdelondres.com

ISBN : 978-1-911572-15-2

Les Éditions de Londres

11, Barnfield road, London W5 1QU

Illustration de couverture réalisée par Les Editions de Londres.
© 2012- Les Editions de Londres

Dante n'avait rien vu
Albert Londres
1924

Les éditions de
LONDRES
Éditions de livres numériques

Préface des Editions de Londres

« Dante n'avait rien vu » est un récit d'Albert Londres, publié en 1924. Suite à son reportage célèbre sur le bagne de Cayenne, Au bagne, téléchargeable aux Editions de Londres, Albert Londres part en Afrique du Nord sur les traces de Georges Darien afin d'enquêter sur les Bat d'Af', les bataillons disciplinaires de l'armée française.

Sur les traces de Biribi et de Georges Darien

D'abord publié sous forme de reportage en dix-neuf articles dans Le petit Parisien sous le titre de Biribi, l'ensemble est ensuite édité en livre sous le titre « Dante n'avait rien vu ». Le livre est évidemment un hommage au Biribi de Georges Darien. Publié en 1889, Darien y dénonce les conditions de vie infamantes des prisonniers dans ces camps qui ne sont pas loin d'être des camps de la mort. Pourtant, si l'ouvrage autobiographique de Darien (futur anarchiste et vrai libertaire, il s'était engagé dans l'armée) suscite un tollé à l'époque, il faudra attendre « Dante n'avait rien vu » pour que le Ministère de la Guerre se penche sur le problème de ces milliers de malheureux bafoués, maltraités, torturés, tués, condamnés et décide de mettre fin à Biribi, trois ans après la mort de Georges Darien.

Sur le chemin de la vérité on perd beaucoup d'amis

Encore une fois, comme avec l'administration pénitentiaire dans Au bagne, les autorités coloniales dans Terre d'ébène, Londres ne se fait pas que des amis. On l'accuse de tous les maux, on le vilipende, les partisans aveugles de l'ordre et de l'autorité l'attaquent.

Les Editions de Londres ont mis des années et des années pour comprendre que réaliser des choses n'allait pas nécessairement de pair avec être aimé. Nous en sommes arrivés à apprécier la critique. Si on nous critique, c'est que nous sommes probablement en train de faire quelque chose de bien. Londres l'a très bien compris, les systèmes humains, même les plus ignobles s'accommodent très bien d'équilibres instables. Les sociétés esclavagistes durèrent des siècles et des siècles. L'aventure de Spartacus nous est dépeinte comme un grand moment de libération ; à l'époque, c'était le ciel qui tombait sur la tête des Romains. Dans le cas de Biribi, ou de ses maison mères, Dar-Bel-Hamrit au Maroc, Bossuet, Orléansville, Douéra, Bougie Aïn-Beida en Algérie, Téboursouk en Tunisie, les équilibres instables sont le produit de la lâcheté de la métropole et du ministère de la guerre, de la complicité des chefs de camps, et de la cruauté concentrationnaire des adjudants et des sergents-majors, qui passent le temps sous le soleil écrasant à avilir, torturer ou liquider les condamnés.

Les zones d'ombre de l'histoire

L'histoire se présente souvent comme le décompte objectif de faits réels et avérés. Rien n'est plus faux. Pas de pire fumisterie que l'enseignement académique de l'histoire. Le journalisme et le dépoussiérage de la vérité ne s'arrêtent pas avec la mort des responsables. L'historien actuel devrait être un journaliste du passé ; c'est un instrument de la propagande morale de son époque. Des exemples de camps concentrationnaires, il y en a de célèbres dans l'histoire du Vingtième siècle, camps d'extermination nazis, goulags, camps khmer rouge…Allez, on ne va pas les comparer, leur donner leurs petites médailles olympiques de l'horreur, ne rentrons pas dans ce piège absurde et stupide. Nous n'allons même pas chercher à comparer Biribi avec les noms célèbres qui nous viennent aux lèvres.

Ce que nous allons dire, c'est que Biribi a existé, que personne n'en parle, qu'il n'en est jamais fait mention dans la magnifique épopée coloniale française, et que, en gros, tout le monde s'en fout. Cela, nous allons le dire. Ce que nous allons également dire, c'est que l'histoire ne peut pas se targuer d'occulter l'horreur « poids moyen » parce qu'il existe des horreurs "poids lourds". Dans les deux cas, nous pensons que c'est le même comportement humain qui est à l'oeuvre.

Londres le dit bien : "**La vie des sous-officiers de la justice militaire n'est pas folâtre, c'est entendu. Les psychologistes pourraient même pousser là une étude de l'homme pris dans ce qui lui reste de profondément animal. Les actes cruels qui marquent la carrière de beaucoup de sergents surveillants sont moins le résultat d'une décision de l'esprit que la conséquence naturelle d'une brutalité qui se croit des droits et se donne des devoirs. L'un de ces chaouchs, blâmé par un capitaine, d'abord tout court. La base de son savoir croulait sous lui : « Je pensais que c'était ainsi qu'il fallait procéder. », répondit-il sincèrement.**"

Eh oui, c'est bien la réponse de tous les gardiens de camp concentrationnaires à qui on a donné, par lâcheté, par dépit, par cruauté, un pouvoir sans limites, sans contrôle.

Les trois critères de la civilisation

On s'en excuse, mais nous allons reparler des trois critères qui distinguent la barbarie de la civilisation, peine de mort, conditions carcérales, système de justice.

La concordance historique du bagne de Cayenne et de Biribi n'est pas un hasard : dans la société française fin du Dix neuvième siècle et début du Vingtième, s'immisce un précipice grandissant entre l'acceptable et le visible. Donc, un bagne guyanais, des bagnes coloniaux, d'accord, à condition qu'on ne les voit pas. De même, des tests nucléaires, mais à Mururoa, et la liste continue. Les Editions de Londres terminent avec un mot de mise en garde. Ce précipice entre l'acceptable et le visible, il existe toujours. La société moderne occidentale nous semble en état de schizophrénie avancée : elle s'insurge en général mais accepte en particulier, notre justice personnelle se préoccupe de moins en moins des lois et de plus en plus du spectaculaire. Alors, à quand les prisons extraterritoriales ? Si cela arrive, Les Editions de Londres seront là avec leurs exemplaires de Au bagne, de Adieu Cayenne, et de « Dante n'avait rien vu ».

© 2011- Les Editions de Londres

Biographie de l'Auteur

Le plus célèbre journaliste français (1884-1932) est décédé dans des conditions mystérieuses au cours de l'incendie d'un bateau, le « Georges Philippar », en plein Océan Indien. Peut être la vision du journalisme qu'il expose dans cette citation prise et reprise par toutes les biographies (Les Editions de Londres s'excusent de leur manque d'originalité) apporte t-elle un peu de lumière aux circonstances tragiques qui accompagnent la mort du journaliste et écrivain ? « Je demeure convaincu qu'un journaliste n'est pas un enfant de chœur et que son rôle ne consiste pas à précéder les processions, la main plongée dans une corbeille de pétales de roses. Notre métier n'est pas de faire plaisir, non plus de faire du tort. Il est de porter la plume dans la plaie. » Aux Editions de Londres, cette phrase nous semble si juste, nous inspire tellement qu'elle se retrouvera sûrement en page d'accueil un jour prochain.

Inutile de le dire, le choix d'Albert Londres comme troisième auteur publié (dans notre chronologie) n'est pas innocent. Hormis le clin d'œil aux fans de pirouettes sémantiques, voilà bien quelqu'un qui avait le courage de ses idées. De plus, Les Editions de Londres considèrent (peut-être sans originalité) que l'évolution du journalisme depuis trois décennies est assurément un des instruments de la manipulation des masses, ou comme le dit Noam Chomsky, « Manufacturing consent ».

Rien de plus éloigné des idéaux d'Albert Londres. Quel homme admirable ! Quel écrivain ! Quand vous lirez ses ouvrages au fur et à mesure que les Editions du même nom les publient, vous vous en rendrez compte : un humour mordant, une humanité qui déborde le cadre des pages dans laquelle l'esprit s'égare et se mobilise, un sens du rythme et de l'histoire

D'ailleurs, le déclin des valeurs du journaliste s'est aussi accompagné de la disparition d'un qualificatif beaucoup plus proche de la mission que s'était donnée Albert Londres, le grand reporter. Il y aurait une théorie de l'information à écrire, sur les traces d'Albert Londres. Le grand reporter serait ainsi celui d'une époque où l'homme se tourne vers les autres, où son énergie vitale est centrifuge. L'homme moderne est constamment dans une logique de l'analyse de l'extérieur par rapport à soi. Les réseaux sociaux en sont le meilleur exemple : on ne communique jamais avec l'autre que pour un bénéfice personnel. On est entrés dans une logique centripète

Il y a un peu de Tintin chez Albert Londres, un mélange entre l'idéalisme de Don Quichotte et la détermination du Scottish Terrier. Alors, si Albert Londres avait vécu de nos jours, qu'aurait-il fait ? Il n'aurait jamais accepté d'être un de ces journalistes connus. (Les Editions de Londres considèrent que la seule façon d'être un journaliste connu et de garder le respect de soi-même c'est de suivre l'exemple de Mika Brzezinski déchirant le sujet sur Paris Hilton ; d'accord c'est la fille de Zbigniew, et ça aide pour la confiance en soi…). S'il avait vécu de nos jours, il aurait été reporter, il aurait eu un blog, il aurait posté des articles sur Wikipedia.

Dans "Visions orientales", il nous révèle certains aspects du colonialisme en Orient, dans "La Chine en folie", il décrit le chaos de la Chine des années vingt, dans "Terre d'ébène" il dénonce les horreurs de la colonisation en Afrique, dans Le Juif errant est arrivé il décrit la situation des Juifs en Europe centrale et orientale avant la guerre, dans Dante n'avait rien vu il dénonce les conditions de

Biribi en marchant sur les pas de Georges Darien, dans "L'homme qui s'évada" ou Adieu Cayenne !, il demande la révision du procès de Dieudonné, de la Bande à Bonnot…Mais son coup de maître reste le reportage-livre avec lequel Les Editions de Londres commencent la publication des oeuvres de Londres, Au bagne.

© 2011- **Les Editions de Londres**

Albert Londres

Je dédie ce livre à Messieurs les Représentants du Peuple de la Troisième République Française, dans l'espoir qu'ils trouveront au coeur de ces pages un sujet digne de leur méditation.

A.L.

Dante n'avait rien vu

Albert Londres

Avant-propos

Biribi n'est pas mort.

Il s'agit des pénitenciers militaires.

C'est là que vont « payer » les condamnés des conseils de guerre.

Les Bataillons d'Afrique fournissent la majorité de cette clientèle. Le reste provient des corps de France, de l'armée du Rhin, de l'armée de Syrie, du régiment de Chine.

Désertion, bris d'armes, destruction d'effets militaires, vols, attentats sur des personnes, refus d'obéissance, outrages à des supérieurs pendant le service. Tels sont les crimes ou les délits.

Ces condamnés sont au moins trois mille cinq cents.

On les appelle les pègres, voire les pégriots.

Biribi a plusieurs maisons mères.

Au Maroc : Dar-Bel-Hamrit.

En Algérie : Bossuet, Orléansville, Douéra, Bougie, Aïn-Beïda.

En Tunisie : Téboursouk.

Les règles qui gouvernent — ou plutôt devraient gouverner — ces établissements forment le Livre 57.

Ce livre est l'œuvre du ministère de la Guerre.

C'est un bien joli livre

— Que peut-on élaborer de mieux ? me disait un général.

— Mon général, répondis-je, écoutez une courte histoire.

Il y avait une fois un shah de Perse dans une ville d'eau. L'illustre, le matin de son départ, fit appeler son chambellan : « Couvrez de backchiches (pourboires) toute la valetaille de ce palace. »

Les backchiches passèrent du chambellan au sous-chambellan, de là au premier majordome. J'en oublie, la chaîne étant bien longue. Quand les valets ouvrirent la main, ils virent que leur pourboire était presque tout bu. « Oh ! » firent-ils, le cœur lourd de désillusion.

Ainsi du livre 57. Il partit du ministère. Les généraux le reçurent tout neuf. Puis il arriva aux capitaines. Le capitaine le repassa à l'adjudant, l'adjudant au sergent. Dans le feu de toutes ces lectures, le petit bouquin perdit beaucoup de ses pages. C'est pourquoi le soldat disciplinaire tend encore la main... et le dos.

Le ministère de la Guerre est à Paris.

Les capitaines qui commandent les pénitenciers sont effectivement au Maroc, en Algérie, en Tunisie, mais ils résident à la portion centrale. Les détenus, eux, travaillent en détachement, très loin du ministère, loin du capitaine, en des endroits retirés du monde, et sous le seul commandement d'un adjudant ou d'un sergent-major.

C'est dans ce silence que le livre 57 perd ses droits.

— N'est-il pas des inspections ?

— Si fait.

Chaque année, un général visite ces lieux. Le général, ayant vérifié, documents en main, la vie du pénitencier, les choses se déroulent à peu près comme nous allons vous les dire :

— Maintenant, fait le général, si des détenus désirent me parler, qu'ils viennent.

Là-dessus, un lieutenant sort, va dans le camp, rassemble les hommes et, sous l'œil du cadre (adjudants et sergents), leur transmet la commission.

Toutes les bouches restent closes. (N'oubliez pas l'œil du cadre).

Alors, le lieutenant revient, joint les talons, salue, et dit :

— Aucun détenu ne demande à parler au général.

Le livre 57 est tenu en échec par des « chaouchs », qui font injure à la justice.

14

Nous venons présenter la défense de ce livre.

Le ministère de la Guerre ne nous en a pas chargé. On le comprendra aisément.

Au surplus, ce n'est pas d'une institution que vient le mal ; il vient de plus profond : de l'éternelle méchanceté de la race humaine.

A. L.

1.
Sur la route

Ce soir-là, à la tombée de la nuit, alors que déjà le relais berbère d'Azrou aurait dû m'apparaître, je remettais, en compagnie de mon chauffeur plus ou moins espagnol, une roue de secours à ma voiture en panne. Depuis trois semaines, tantôt sur des routes, tantôt sur des pistes, je remettais ainsi des roues à cette voiture, au Maroc.

Un grand froid d'hiver piquait par le bled, comme il pique chaque soir, en cette saison, une fois le soleil disparu.

Il m'eût été possible de dire d'où je venais, non où j'allais, n'allant nulle part. Les rats empoisonnés tournent dans la cave. Empoisonné plus qu'eux, je tournais de même dans ce pays qui cachait bien ce que je cherchais.

Je cherchais Biribi.

Voilà dix jours, allant au Nord, jusqu'aux confins du Rif qui, paraît-il, auraient pu m'apprendre quelque chose, j'avais bien fait une rencontre tout de suite après Souk-el-Arba. La voiture, comme par hasard, se trouvait en difficulté et, d'un souffle saccadé, m'adressait clairement de très violents reproches :

— Pourquoi (elle haletait), pourquoi, puisqu'il est des routes si douces au pays du *générar* (Lyautey), t'obstiner à me conduire sur des chemins ondulés ?

Puis elle s'arrêta.

C'est à ce moment que neuf soldats menés par un sergent débouchèrent d'une autre piste. Ils étaient comme tous les soldats, quand les soldats sont en kaki et en bonnet de police. Venant de Casablanca, le train baladeur à voie de soixante les avait déposés à la station d'Had-Kourt. Il leur restait vingt-cinq kilomètres à faire à pied pour gagner Ouezzan, dernier poste en lisière de la « dissidence ».

— Ouezzan ? J'y vais aussi. Vous êtes des chasseurs du 3e bataillon d'infanterie légère d'Afrique ?

— Oui, dit le sergent.

C'étaient des « joyeux ».

— Eh bien ! Ça va ?

— Ils arrivent, dit le sergent, c'est une portion du nouveau contingent qui vient de Marseille.

— Vous étiez sur l'*Anfa* ?

— Oui.

— C'est vous qui faisiez tant de baroufle au départ ?

— Nous et les zouaves. Nous, nous n'étions que trente pour le bat' d'Af'.

« Au revoir, mignonne ! » criaient-ils du bateau à toutes les jeunes personnes du quai.

Les « mignonnes » étaient loin, aujourd'hui !

Trois jours après, je redescendais d'Ouezzan. J'avais entendu le canon. J'avais vu mourir le pacha. J'avais couché dans le lit du colonel chef du cercle (le colonel était en congé). Le commandant du 3e bataillon d'Afrique, m'avait ouvert tout grand son bureau. J'aurais pu réciter par cœur les hauts faits d'armes de l'unité. J'avais bien vu la SS, compagnie de discipline, appelée maintenant section spéciale, mais je l'avais vue comme dans un rêve.

Le Nord étant impénétrable, je mis le cap sur le Sud. Et je dégringolai sur Rabat, de Rabat sur Casablanca. Là, je tombai dans la Chaouïa.

— Monsieur, me dit une âme généreuse qui s'intéressait à mon malheur, allez à Kasba-Tadla.

Ce n'était pas là !…

Étant donné l'angle qui guidait mon rayon visuel, cette kasba n'était pas sans attrait : elle en possédait deux.

Cent neuf pégriots du pénitencier militaire de Dar-Bel-Hamrit venaient d'y planter leurs tentes et…

— Et... Comment ? Vous ne savez pas cela ? Vous y verrez la belle Lison. Oui, elle est quelque chose comme cantinière, marchande de singe et de pinard. Tout le monde la connaît.

Les environs de Kasba-Tadla n'ont pas l'honneur de faire partie du Maroc dénommé utile. Cela veut dire qu'il est recommandé de ne pas se laver les pieds dans l'Oum-er-Rébia qui coule par-là, car, de temps en temps, les Chleuhs descendent, et les Chleuhs n'aiment pas que l'on se lave les pieds dans leur eau potable. Là, finit le domaine du roumi, c'est l'Atlas.

Enfin, voici Kasba-Tadla. Une centaine d'étranges soldats alignés en monôme sur un kilomètre de route, donnaient de la pioche, de la pelle et poussaient la brouette. C'étaient des condamnés aux travaux publics. Ils n'avaient pas l'air malheureux. Le puissant syndicat des terrassiers n'aurait rien pu relever, dans ce chantier, qui choquât les lois du travail. Deux sergents, dont l'un était major, surveillaient, revolver sur la hanche droite. Et, par-ci, par-là, un Sénégalais appuyé sur son flingot représentait la discipline à longue portée.

— Eh bien ! Ça va ?

— On serait mieux à Marseille !

La visière à bec de pélican de leur képi est fort utile sous le soleil, mais on ne peut dire qu'elle leur donne un air distingué.

Je leur fis un petit boniment. Le sergent non major ne fut pas content. Il n'y avait pas de quoi ! Tout résumé, voici ce que je leur disais : « Si vous êtes là, ce n'est sans doute pas pour avoir été aux vêpres tous les dimanches, hein ? Mais ici, ça va à peu près la justice ? »

Plusieurs se détournèrent. Ce fut pour rire jaune. L'un me cria à trente pas :

— On est mieux là qu'à la SS (section spéciale des bataillons d'Afrique).

Ce fut la seule audace.

Celui-ci portait tatoué au front : « Martyr militaire ».

— Que vous a-t-on fait ?

Il pinça les lèvres au lieu de les ouvrir…

Oui, parfaitement, le sergent est là, à côté. Tu n'as qu'à « la boucler » mon vieux.

Vous êtes au courant de la chose. C'était un article de foi : la belle Lison tenait sous le nom de Madame Platrier un débit de boisson à Kasba-Tadla. Complication subite ! Il y avait aussi un Monsieur Platrier…

— C'est bien vous, monsieur Platrier ?

— Parfaitement.

— Votre femme est bien la belle Lison ?

Mettez-vous à ma place. C'était difficile à dire.

Ayant repassé l'Oum-er-Rébia, rôdé à l'entrée du camp de la légion, acheté dans une boutique, ce qui n'était que prétexte à me faire confirmer la rumeur, du sel gemme d'abord et des plantes savonneuses pour laver les peaux de mouton ensuite, je vins, silhouette hypocrite, renifler devant le comptoir mystérieux.

M. Platrier, sur le pas de sa porte, roulait des tonneaux.

— Vous voulez quelque chose ?

— Peuh ! fis-je, oui et non.

Je retournai aux renseignements.

— Mais oui ! affirmait-on. C'est bien connu !

On me revit devant le comptoir.

— On dirait que ma boutique vous plaît ? fit Platrier.

— Oui, elle est bien. Elle est rectangulaire. J'ai un faible pour le rectangulaire.

— Vous avez peut-être faim ?

— Écoutez, vous êtes un colonial.

— …

— Par conséquent vous ne vous étonnez de rien. On dit (je m'assurai qu'il n'avait pas d'instrument contondant à la main) que votre femme est la belle Lison.

— J'en ai assez de cette histoire. On est même venu me le demander officiellement. Et puis, qu'est-ce que cela peut vous faire ? Qui êtes-vous ? Voulez-vous la voir, ma femme ? Venez, il faut en finir !

Nous entrâmes dans la boutique.

— Mère, appela-t-il.

Mme Platrier, ex-tambour-major à cheval d'un régiment d'amazones, apparut, large, haute et brune.

— C'est toujours pour l'histoire, fit le mari.

— Ça me flatte, dit la dame. Mais pourquoi raconter cela dans tout le pays ? J'ai habité Toulon, oui, j'y ai tenu un meublé, j'ai vu dégrader Ullmo comme tout le monde, oui, mais c'est tout. Voulez-vous vérifier mes papiers ?

— Regardez-la, fit le mari, féroce ; a-t-elle quelque chose de la belle Lison ?

— Pardon et adieu ! Dis-je.

Donc, ce soir-là, alors que j'aurais dû voir déjà Azrou et que le grand froid d'hiver piquait, quatre hommes, cheminant par la nuit tombante, rejoignaient la voiture qui tout à l'heure les avait dépassés et maintenant était en panne. Il y avait un gendarme, deux détenus avec liséré au képi (peine de prison), puis un autre sans liséré (travaux publics). Il ne faut pas croire tout de même que je n'avais rien appris ! Celui qui était sans liséré avait, au surplus, la main droite emmaillotée. Ils s'en allaient très loin par petites étapes et, pour le logis de cette nuit, ils le trouveraient à Azrou.

Les trois pégriots et le gendarme étaient en chemin depuis deux jours. Ils venaient du détachement de Tafré-Nidj. Deux avaient fini leur peine et regagnaient, pour y achever leur service militaire, l'un, le 3e bataillon d'Afrique à Ouezzan, l'autre le 2e à Outat-el-Hadj. Le troisième, le travaux publics, réintégrait la portion centrale du pénitencier de Dar-Bel-Hamrit.

— Pour être déféré en conseil de guerre.

— Ce sont eux qui font leur malheur, dit le gendarme.

— Qu'est-ce qu'il a fait ?

20

— Mutilation volontaire. Il s'est coupé deux doigts, cet âne-là.

— Avec une cuiller, précisa l'âne.

— Vous êtes bien avancé.

— Sûr ! J'ai préféré *y* laisser deux doigts que ma peau.

— Vous êtes tous malades de l'esprit, fit le gendarme.

— Puisqu'un sergent me cherchait.

— Si vous ne l'aviez pas cherché le premier...

— Le premier ! Comme celui qui en arrivant nous a frappés à coups de pied dans le ventre, en nous disant : « C'est pour vous souhaiter la bienvenue ».

— Vous raconterez tout cela au conseil de guerre, fit le gendarme.

— C'est le chien du sergent P... qui devrait parler au conseil de guerre. Il nous mord aux mollets pendant le travail. On le chasse. Alors le sergent, revolver sous notre nez, dit : « Laissez-lui faire son métier ».

— Et les *éribas* ? fit l'un des libérés.

Les éribas sont les branches mortes du jujubier. Ces branches sont entrelacées et épineuses. On les emploie comme haie, pour clôturer les camps de détenus.

— Oui, on m'a couché dessus tout nu, comme dans une couronne d'épines, fit le mutilé volontaire.

L'homme reprit :

— Pourtant, maintenant, on a un bon capitaine. Mais on lui ment au capitaine. Nous-mêmes lui mentons quand, *tous les trois mois,* il vient faire sa visite. Il ne reste qu'une heure ou deux. Alors, après son départ, ce serait fric-frac, je vous enfonce, vous ne reverrez plus votre mère, comme les sergents nous disent.

— Allons, en route, fit le gendarme.

Et je me remis à visser ma roue de secours.

2.
Combes et Podevin

Trois jours plus tard, alors que le monstre Biribi me paraissait encore indéchiffrable, Combes et Podevin sortirent, au matin, de la prison militaire de Casablanca.

Six Allemands : Vogel, Mayenc, Rudolf, Bremer, Rolt, Aimer-Schmitt, les suivaient. Kremer, un Polonais, et neuf Français : Charrier, Dugourd, Avignon, Carillon, Meusy, Ledu, Canevière, James et Gigot, venaient ensuite. C'étaient des pensionnaires du pénitencier de Dar-Bel-Hamrit. Des gendarmes encadraient le lot. Ces dix-huit hommes allaient se présenter devant le conseil de guerre.

Leurs habits étaient neufs. Ils dataient du matin même. Sans quoi, ces dix-huit hommes eussent été nus dans la rue. Ils avaient passé leur nuit à tailler dans leurs anciennes frusques de très jolies petites bandelettes, et cela avec grande application.

Ce n'est pas ce qui les menait devant le conseil, mais un refus d'obéissance. Les frusques ? Ce n'était là que du supplément, comme ils disaient.

Le conseil est réuni. La séance est ouverte. On introduit les dix-huit.

— Votre nom ? demande le colonel à Podevin.

Podevin fait un pas en avant et crache à la figure du colonel.

— C'est ça votre nom ?

— C'est ça mon nom, je m'en balance, j'en ai marre.

Podevin est grand et sa tête est ronde comme la lune. Le colonel regarde le lieutenant rapporteur. Le lieutenant rapporteur dit : « On pourrait peut-être passer outre et ne pas prendre des réquisitions. »

Me Kagan, un russe, avocat de Combes et Podevin, lâche un geste d'émouvante signification. Le geste dit : « Vous connaissez cela, messieurs, il y a de la souffrance derrière, passez outre. »

On passe outre.

Vient le tour de Combes.

Combes est petit, hargneux, roquet à longues dents. Sur le front, il porte : « Bad Head », mauvaise tête, afin que nul ne l'ignore.

— Votre nom ?

— Bande de salopards, J'en ai marre. Voilà mon nom…

Et il crache !

On passe outre.

L'interrogatoire au fond commence.

Un malaise confus embrume la salle.

— Pourquoi avez-vous lacéré vos effets ?

Podevin et Combes tenaient à la main leur képi à grand bec. Ils le lancent avec force à la tête du colonel, l'un suivant l'autre.

— Tas de salopards, j'en ai marre, dit Podevin.

— J'en ai marre, répète Combes.

Le président du conseil de guerre est le colonel Julliard. Il n'a rien de ce que l'on pourrait croire. Son air est celui d'un pacifique père de famille. Son cœur aussi. Il prend les deux képis, les renvoie à Combes et à Podevin et dit : « Vous ne savez pas ce que vous faites. Mais je n'ai rien vu. Pourquoi agissez-vous ainsi ? »

La stupéfaction écrase Combes et Podevin.

Ils cherchent une réponse et disent : « Nous en avons marre. »

— Pourquoi ?

— Nous sommes trop malheureux à Dar-Bel-Hamrit, nous ne voulons pas y retourner.

— Employez un autre moyen. Si j'avais vu ce qui vient de se passer, ce serait pour vous la peine de mort. Écrivez au ministre par la voie hiérarchique.

L'interrogatoire continue.

Podevin reconnaît les faits qu'on lui reproche.

— Entre autres, oui, j'ai engagé mes camarades à lacérer leurs effets pour échapper aux travaux publics *par une peine plus forte.*

Et les outrages recommencent.

Me Kagan supplie qu'au maximum de l'insulte le conseil oppose le maximum de l'indulgence.

— Vous n'avez rien à ajouter pour votre défense ? demande le colonel aux deux révoltés.

Combes et Podevin se lèvent d'un jet et lancent de nouveau leur képi à la tête du colonel.

Combes reste debout et rit affreusement. Podevin se rassied, courbe le dos et dit avec force aux lames du plancher : « J'en ai marre, marre, marre. »

Le lieutenant rapporteur prend des réquisitions.

— Douze balles dans la peau, crie Combes, toujours debout. Je préfère la mort à Dar-Bel-Hamrit. Si on ne me fusille pas, je me pendrai dans ma cellule.

Et comme un bourdon qui ne s'arrêterait plus de sonner, Podevin toujours assis, répète : « Nous en avons marre, marre, marre et marre. »

Combes Étienne et Podevin Emmanuel sont condamnés à mort.

Le point de départ de l'affaire est un lieu nommé Oulad-Hassin.

Là, sous le commandement du sergent D..., le détachement arrive de Dar-Bel-Hamrit pour travailler chez un entrepreneur.

L'entrepreneur, qui est jeune, les fait mettre sur un rang, les passe en revue, tâte leurs bras et, s'adressant au sergent, dit, selon les uns :

— Ils sont bien gros, il faudra les faire travailler.

Selon les autres :

— Ils sont bien gras, il faudra les faire maigrir.

Le lendemain matin, le détenu James, refuse de prendre la pioche. On le met au tombeau (en cellule).

— Tiens, moi aussi, dit alors Meusy.

On met Meusy au tombeau.

— Moi aussi, dit Charrier.

— Moi aussi.

— Moi aussi.

On prévient en hâte le capitaine Étienne, commandant Dar-Bel-Hamrit.

Il arrive.

Douze nouveaux réfractaires se manifestent.

— Qu'est-ce qui vous pique ? demande le capitaine.

Ils disent la phrase de l'entrepreneur.

— Je ne veux pas constater votre refus. Allons, reprenez la pioche. Je repasserai dans un moment.

Podevin n'était pas parmi les rebelles. Il travaillait comme un seul homme.

— Mon capitaine, dit-il, le sergent D... m'a frappé.

— Des témoins, fait le capitaine, des témoins tout de suite. Nous allons régler l'affaire.

Aucun témoin ne se présenta. Dès qu'un chef veut rendre la justice, dans ce monde aux sombres recoins, chacun se défile.

— Pas de témoins ! fit le capitaine. Je suis impuissant.

Podevin reprit sa pioche. Le capitaine s'éloigna. Mais Podevin rejoignit le capitaine :

— Eh bien ! Mettez-moi aussi sur la liste des rebelles.

Et il jeta sa pioche à trois mètres de lui.

Le capitaine revint vers le groupe. Ils étaient vingt-deux maintenant.

— Réfléchissez. Allons, reprenez le travail ! N'appelez pas encore des pierres pour vous écraser.

Mais les vingt-deux demeurèrent immobiles et fatals comme les saints hommes de l'Inde.

La garde auxiliaire alors rassemblée, le refus d'obéissance fut constaté.

C'était le conseil de guerre.

À quelque temps de là, un soir, la grâce de Combes et la grâce de Podevin arrivèrent. La mort était remplacée par vingt ans de prison.

Le lendemain, je franchissais les portes de la maison d'arrêt de Casablanca.

— Combes ! Appela un maréchal des logis de gendarmerie, Podevin !

— Voilà ! Voilà ! cria-t-on d'une cellule, c'est là.

Le maréchal des logis fit jouer le verrou. « Bad Head » sortit le premier. Ses très vilains petits yeux rayonnaient.

— Oui, on nous a donné la nouvelle hier au soir. Ah ! On a eu de la joie. On n'en a pas mangé la soupe.

Podevin qui se curait les ongles avec une esquille trouvée au fond d'une vieille gamelle, sortit le second.

Nous ne pouvons dire que sa figure était devenue ovale, fine et spirituelle, mais du bonheur la nimbait.

— Je suis très content, dit-il d'une voix de saxophone.

Sur sa main droite, un mot était tatoué : « Croquignol », et, au-dessous du mot, un objet d'une utilité courante : un soulier.

— Vous êtes cordonnier ?

— Je sais tout faire, mais je suis jardinier pour les fleurs.

Ils paraissaient tellement joyeux qu'une parole me vint toute seule :

— Vingt ans de prison, fis-je, ce n'est tout de même pas un brillant avenir.

— Nous préférons vingt ans de tôle que deux ans de Dar-Bel-Hamrit.

Le bonheur rend l'homme généreux. Combes en débordait.

— Vous connaissez le colonel Julliard, celui qui présida le falot ?

— Le falot ?

— Le conseil de guerre, quoi !

— Oui, c'est lui qui me donna l'autorisation de vous voir.

— Alors, dites-lui que nous lui faisons toutes nos excuses. Pas ? Podevin ? C'était un bon type. Ah ! Si un frère dans son genre avait dirigé notre tout premier conseil, on n'en serait pas là. Pas ? Podevin ? Seulement, je crache une première fois, je vois qu'il n'en tient pas compte. Je recrache. Il n'en tient pas compte non plus. Nous avions notre programme. Tout plutôt que Dar-Bel-Hamrit. Alors, nous lançons le képi. Il nous le renvoie ! Ah ! il fut bien gentil ! Alors, nous avons recommencé.

— Et nous avions encore, pour le cas, des pierres dans la blague à tabac. Pas ? vieux Combes ?

— Vous saviez bien que vous risquiez la mort ?

— La mort était préférable. Mais nous regrettons d'avoir fait ça au colonel, vous pouvez le lui dire, et que c'est par hasard que je l'ai attrapé à la tête, je voulais que lancer le képi. Aujourd'hui, on est content.

— ...

— Nous avons trop souffert. Maintenant, il n'y aura plus d'éribas.

— Et plus de fers, dit Podevin. Regardez mes poignets.

Ses poignets portaient les meurtrissures des fers.

— Voyez-vous, reprit Podevin, aux travaux, cela dépend du détachement. Il en est où l'on est bien, où l'on vous fait votre droit, mais dans d'autres, barka ! « J'en ai fait pleurer des mères, et j'en ferai encore pleurer », nous disait le sergent D... à Oulad-Hassin. C'était pas des choses à nous dire ! Dites donc, si vous le rencontrez, demandez-lui qui lui paye ses beaux souliers et ses belles chemises.

— Le gouvernement, pardi !

— Mais non ! l'entrepreneur. Et l'entrepreneur lui dit en douce : « Vous les forcerez au travail, hein ? »

Combes et Podevin, dans cette cour ensoleillée, riaient à leur avenir. Vingt ans de prison !

« Nous apprendrons un métier, disaient-ils, nous nous tiendrons peinards. On sera *heureux*. » On eût dit qu'ils allaient partir pour leur voyage de noce !

— Vous avez prévenu vos parents de la bonne nouvelle ?

— Vouah ! dit Combes, j'ai écrit ma condamnation à mon père ; il m'a répondu que c'était bien fait ! Mais c'est la faute à ma tante !

— Moi, dit Podevin, j'ai écrit hier à ma mère.

— Par avion ?

L'homme me regarda stupéfait.

— Oh ! non ! dit-il, c'était trop cher.

3.
Dar-Bel-Hamrit

Dar-Bel-Hamrit est si peu sur la grand-route que l'on vient de lui retirer le train. Ce n'était qu'un train à voie de soixante, c'est bien vrai, mais la vie qui animait Dar-Bel-Hamrit n'en était pas moins accrochée à ses portières. On a transporté le train à seize ou dix-sept, ou même dix-huit kilomètres de là, à Petitjean, et cela, double malignité, parce que, cette fois, il devenait un train pour de bon, à cent quarante-quatre d'écartement, avec des wagons tout blancs, comme du beurre sans crème ; l'un de ces trains sérieux qui exigent immédiatement un siège social dans une belle ville pour y loger leur compagnie d'exploitation, un train, quoi ! Qui, ayant l'honneur de réunir expressément Rabat à Fez n'allait tout de même plus passer par Dar-Bel-Hamrit !

Quand, cet après-midi, à quatre heures, nous arrivâmes à Dar-Bel-Hamrit, Dar-Bel-Hamrit avait disparu. Quelques tanières de bouc séchée, ni place, ni ruelles et pas un seul de ces chats qu'on nomme des hommes. Était-ce Dar-Bel-Hamrit qui n'était plus, ou nous qui n'étions pas à Dar-Bel-Hamrit ? À droite, une maison de bois ; nous y courûmes. Elle portait deux mots sur sa façade : UFFET-HOTE. Quelle était encore cette langue-là ? Le chauffeur, les deux mains au profond des poches de son pantalon, se planta devant le mystère pour le déchiffrer. « Buffet-Hôtel », dit-il. Ce chauffeur parlait peu, mais bien.

Nous gravîmes un perron. Les portes du Buffet-Hôtel étaient cadenassées, mais les carreaux étaient à terre, brisés,... brisés de douleur d'avoir vu à jamais s'éloigner le train, sans doute. Nous passâmes la tête par les fenêtres sans vitres. Une table, les pattes en l'air, agonisait dans un coin ; cinq chaises, pour se tenir compagnie, s'étaient groupées dans un autre, et trois mètres soixante de tuyaux de poêle gisaient aux pieds d'un fourneau froid. Le tremblement de terre de Yokohama s'était fait sentir jusqu'ici.

— Donne toujours un coup de trompe, dis-je au compagnon chauffeur.

Et nous attendîmes, tout comme Roland dans la vallée de Roncevaux.

Nous attendions, d'ailleurs, le cœur très calme, une petite plaque échappée au désastre et clouée au-dessus de « UFFET-HOTE », nous criant, au nom d'une compagnie d'assurances : *Confiance*.

Alors, on vit poindre à l'horizon, un âne, un Arabe et deux des femmes de l'Arabe. Ils n'allaient pas vite, mais nous avions le temps.

— Dar-Bel-Hamrit ? demandâmes-nous, dès qu'ils furent à notre portée.

L'homme comprit que nous cherchions le train. Il montra la direction de Petitjean, là-bas, à seize kilomètres.

— Non ! Faisions-nous, pointant notre index vers le sol : Dar-Bel-Hamrit ?

L'homme ouvrit la main comme une fathma, les femmes gloussèrent et l'âne réfléchit.

— Donne un second coup de trompe, vieux compagnon chauffeur.

C'était la bonne idée. Deux gendarmes surgirent. Si, comme on le prétend, les gens gros sont braves, c'étaient deux braves gendarmes, l'un étant gros pour deux. Celui-ci s'avançait, telles ces oies des réclames pour pâtés de foie, le ventre râclant la terre.

C'était bien Dar-Bel-Hamrit. Mais Dar-Bel-Hamrit n'était plus. Le train avait tout emmené avec lui, à son dernier passage. Il ne restait qu'un Grec, dans l'une des cabanes de boue. Les Grecs sont les Chinois de l'Occident. Partout où il y a un paquet de tabac à vendre, on trouve un Grec.

— Mais le pénitencier ?

Le gendarme foie gras leva le doigt vers le ciel.

Il avait visé un peu haut, il ne désirait nous montrer qu'une colline.

30

— Voyez-vous cette rangée de maisons blanches ? C'est le logement du capitaine et des chefs. Le truc est derrière.

AU PÉNITENCIER

« Pénitencier militaire ». Ce n'est pas de bon gré que la voiture y parvint. Avait-elle peur de n'en plus descendre ? La porte du truc est ouverte. Pas de sentinelle. J'entre. C'est d'abord une allée, puis un bureau à gauche. La porte de ce bureau est ouverte. Un lieutenant écrit. Je suis annoncé. Je suis même annoncé depuis trois semaines. On ne m'attendait plus. On me croyait déjà dans le Sud-Tunisien, au diable ! On me conduit chez le capitaine.

— Très bien. Bonjour. Asseyez-vous.

C'est le capitaine Étienne. Il n'est que d'une pièce, mais la pièce est bonne.

Il y eut cependant un froid. On n'a pas l'habitude de voir un civil dans ces eaux-là.

Et sans autre préambule :

— D'où vient le mal ?

Le capitaine me regarda avec deux yeux francs, mais n'ouvrit pas la bouche.

Il se leva.

— Que voulez-vous voir ?

— Tout.

— Moi qui demeure ici, répondit du regard le capitaine, je ne vois pas tout.

Nous partîmes à travers le pénitencier. Des Sénégalais veillaient sur un chemin de ronde. Une grande cour s'ouvrit devant nous. Cent quatre-vingts hommes y étaient épars. C'était le quart d'heure précédant la gamelle. Ils étaient vêtus de houppelandes sombres et numérotées à la hauteur du cœur. Le grand bec des casquettes donnait à chacun une silhouette d'oiseau de proie qui n'aurait pas d'ailes.

— Halte ! Fixe !

Le cri éclata comme un pétard.

J'avais certainement, au seuil de cette cour, posé le pied sur un bouton et déclenché le commandement. Et je vis ce que je n'avais jamais vu. Les cent quatre-vingts hommes se fixèrent droits, à la place où nous les avions surpris, nez à nez, dos à dos, dans des coins, le long des murs, en ligne d'éclairs, au milieu. Ceux qui portaient un ustensile à la main, l'avaient coincé entre leurs cuisses. Les yeux ne cillaient pas. On eût dit des soldats de plomb abandonnés en désordre par un enfant après son jeu. Le feu du ciel était tombé.

— Repos ! fit assez doucement le capitaine.

Comme une décharge, le même bouton électrique renvoya : Repos !

C'était au fond de la cour un adjudant grand, maigre, sec, fort des mâchoires et en acier.

Tous ces pensionnaires étaient jeunes. À peine voyait-on quelques vieux chevaux attelés eux aussi à la noria. Il y avait de tout dans le lot : des hommes méchants, des crapules de naissance ou de circonstance, des égarés, d'autres dont la seule tare fut la violence. Français, Arabes, étrangers (légion étrangère), épileptiques, *minus habens,* caïds ! Le caïd est le meneur, agneau devant le sous-officier, oiseau de proie pour ses camarades.

L'atmosphère de cette cour était chargée de cent quatre-vingts révoltes intérieures.

Ces gamins, au début de l'existence, ne croyaient déjà plus à rien.

— Vous retrouverez bientôt la liberté, dis-je à l'un.

Il me regarda comme si je lui parlais d'un monde inconnu.

Leur œil était ironique. Ce n'est pas le rire qui découvrait leurs dents, c'était le rictus.

J'entendis l'un d'eux qui disait :

— Oui, sergent.

C'était la même intonation que s'il avait lâché :

— Crève ! Salaud !

Ils n'ont plus une conscience tout court, ils disent : « Ma conscience de détenu », ou bien : « Je vous jure sur ma conscience de pègre ».

Beaucoup sont sans famille. L'institution des Enfants assistés est une fidèle pourvoyeuse du lieu. Le tombereau commun qui les a ramassés, un matin, dans leurs langes, les déverse assez régulièrement, l'âge de vingt ans venu, sur le terrain vague des pénitenciers militaires.

Je demande à celui-ci :

— Pourquoi avez-vous lacéré vos effets ? Vous y avez gagné un an de plus.

— Ah ! Je n'ai personne ! répond-il.

Ce qui signifie : « Non seulement je suis orphelin, mais je ne sais même pas qui je suis. »

Voici cinq baraquements : « Les Tranquilles », « Les Protégés », « Les Turbulents », « Les Amendés », « Les Inoffensifs ».

Mais nous sommes à la portion centrale, à la « Maison Mère ». C'est une toute autre histoire en détachement, dans le grand bled !

Nous nous promenons dans cette cour.

— Tenez, fait le capitaine. Approchez, Firmin.

Firmin a la main emmaillotée.

— Dites pourquoi vous vous êtes coupé deux doigts.

— Pour remonter à la portion centrale.

— Non ! Mais pour retrouver un camarade qui, lui, était à la portion centrale. Est-ce vrai ?

— Un peu.

Firmin a une tête de bandit, macérée depuis dix ans dans un bocal plein de crapulerie.

— C'est que je suis un vieux cheval !

— Il a bon cœur, fait le capitaine.

Voici Samson. Lui aussi s'est coupé deux doigts.

— Pourquoi vouliez-vous, à ce prix, quitter le détachement ?

— Pour échapper au sergent.

Les couteaux sont interdits. C'est avec une cuiller coupante qu'ils opèrent.

— Comment faites-vous, tonnerre ! Pour vous trancher les doigts avec une cuiller ?

— Si vous tenez à voir, je puis bien m'en couper un autre !

— Et toi ? (celui-là est un Arabe), pourquoi n'as-tu que trois doigts ?

— *Manâf* (je ne sais pas).

L'Arabe doit me prendre pour un inspecteur ; devant les inspecteurs, les détenus ne savent jamais rien.

La nuit venait.

Tous regagnèrent leur bâtiment. Les turbulents étaient bien sages. Seuls, parmi eux, Allouch avait un air de pistolet chargé

— Qu'avez-vous, Allouch ?

— J'ai que j'en ai trop vu ! mon capitaine.

— Je vous ai fait remonter près de moi, vous n'êtes pas content ?

— Mes malheurs furent si grands à ce détachement que, dans mon bonheur, je ne pense qu'à mes malheurs.

Voilà le « vieux chadi », le vieux singe. Il lui reste deux doigts sur dix.

— Je les conserve précieusement, pour une grande circonstance.

— Quelle circonstance ?

— Un jour que je serai trop malheureux, en détachement, je me les couperai.

— Vous ne pourrez pas.

— On trouve toujours un bon copain pour vous aider.

Il regarda ses deux doigts et dit :

— Ma dernière ressource.

Soudain tout mon corps tressaillit. Une nouvelle et fulgurante décharge électrique sillonnait la cour : c'était l'adjudant d'acier qui lançait un ordre.

4.
Je ne suis pas Ivan Vassili

C'était dans la cour de Dar-Bel-Hamrit, ce dimanche matin. La veille, élevant la voix, j'avais dit aux détenus :

— Je reste parmi vous. Toutes vos affaires m'intéressent. Venez m'en parler.

Ils étaient au rassemblement.

Aucun ne broncha.

— Personne n'a rien à me faire savoir ?

Silence.

Sous le morceau de sucre, ils redoutent le piège.

— Il n'y a pas de piège.

Un homme sortit du rang de trois pas en avant. Quelques secondes, puis un autre en fit autant, puis un autre, un autre, comme au clavier d'un piano mécanique les touches se mettent en branle.

Mais la nuit était déjà là.

— Alors, réfléchissez à ce que vous avez à dire. Rendez-vous demain matin.

Ils ne se promenaient pas dans cette cour, mais, les mains aux poches, laissaient plutôt tomber le temps sur leur longue houppelande brune, et le temps se traînait sur eux. Les uns me parlèrent des grâces. À la moitié de sa peine, un détenu dont la conduite est bonne peut être proposé pour une grâce. C'est l'affaire du capitaine, mais le capitaine ne doit pas en aviser le détenu.

— Ça nous donnerait du cœur, pourtant !

Un autre voulait passer à la radio.

C'est une idée fixe, il n'en démord pas. Dans le civil, il préférerait aller boire un canon sur le zinc plutôt que de perdre une heure pour passer à la radio. Il sait qu'ici il n'y a pas de radio, il veut y passer. Il est beaucoup d'hommes dans son genre qui cherchent la chose impossible pour ensuite la réclamer.

D'autres hommes dirent :

— Nous demandons à ne pas être envoyés en détachement.

— C'est le travail qui vous fait peur ?

— Non, ce n'est pas le travail. Mais ici (et tous se groupèrent autour du capitaine, comme des poussins), on est protégé.

— Aux détachements, mes ordres vous protègent.

Silence.

— Vous êtes sous la protection des lois.

Silence.

Alors, un homme joignit les talons, salua d'une main déchiquetée, et, me transperçant de deux yeux pointus, lança :

— Je ne suis pas Ivan Vassili.

Il avait les traits frustes, la capote bien boutonnée et le numéro 667 sur la poitrine.

Il répéta :

— Je ne suis pas Ivan Vassili.

— Parlez.

— Voilà trois ans, j'étais sur ce grand boulevard, à Marseille, je sens que l'on m'attrape par un bras. Je me retourne. C'était quelqu'un que je n'avais jamais vu.

— Suis-moi, dit-il, Ivan Vassili.

À ce moment, je ne parlais pas très bien le français. Je secoue mon bras pour que cet homme me lâche, mais il me serre là (au poignet). Il m'emmène dans une rue petite.

— Qu'est-ce que vous me voulez, enfin ? lui dis-je.

— Suis-moi, et il m'entraîna.

Il avait un uniforme. J'ai pensé que c'était la police et que tout ça n'avait d'autre but que de m'inscrire sur un registre. Alors, on marcha. On arriva devant une maison aux gros murs. Il m'y fit entrer et dit à un autre qui avait des clés :

— C'est Ivan Vassili, un déserteur de la Légion étrangère.

— Je suis Constantinidis Ionès, dis-je, Constantinidis Ionès !

L'homme qui m'avait arrêté s'en alla. Je ne l'ai plus revu, jamais.

Et je restai la, dans la prison qui s'appelle le fort Saint-Jean.

Deux jours après, un autre homme vint et me dit :

— C'est vous, Ivan Vassili ?

— C'est moi Constantinidis Ionès. Je suis Grec d'Angora. Je suis déserteur, mais de l'armée grecque et non de la Légion étrangère, puisque je ne sais pas ce que c'est. Avant tout ça, j'étais sur des bateaux. Puis, Venizelos appela pour la guerre contre Kemal pacha. Alors, je me mis comme volontaire. On m'expédia au 2e régiment d'infanterie, 9e compagnie, 1re section, à Sérès, dans la Macédoine orientale. C'est là qu'on m'apprit les choses du fusil. Puis après, ce fut la garnison de Gimurjana. C'est de Gimurjana, sachant que maintenant on allait nous conduire au front à Smyrne, que je suis parti. »

J'interromps Constantinidis Ionès :

— C'est ce que vous avez dit au deuxième homme de la prison ?

— C'est ce que j'ai dit.

— Alors ?

— Il a dit : « Tu es Ivan Vassili et tu vas le reconnaître. — Non ! Non ! Je suis Constantinidis Ionès, c'est moi Constantinidis Ionès. »

— Je m'en f..., qu'il dit ; tu vas faire cinq ans de service. »

Je demande :

— Vous avez réclamé ?

— Je ne parlais pas bien français, et je ne connais pas l'écriture. Je n'ai fait chaque jour que répéter mon nom. Alors, après, on m'a fait sortir du fort Saint-Jean avec quelques autres. Puis, on nous a conduits au port, où il y avait un bateau. Celui qui nous conduisait n'était ni le premier sergent, ni le second, mais une autre figure. En montant sur le bateau, j'ai encore souvent dit mon nom, mais les autres qu'on embarquait aussi ne faisaient que rire de moi. « Que tu sois Ivan, que tu sois Constantin, t'es bon, c'est tout », qu'ils disaient.

Après, on arriva au Maroc. Puis, j'ai beaucoup marché. Je ne savais pas où l'on me menait. Les autres me disaient : « Reconnais-tu ou ne reconnais-tu pas le bled ? Et ils m'appelaient le double mecton. Et on arriva dans le régiment. C'était le 2e étranger, à Meridja.

Là, je redis : « Je suis Constantinidis Ionès, de la 9e compagnie, 1re section, à Sérès. Je suis né à Angora.

— Va te faire habiller que l'on me dit.

— Je suis un chauffeur sur les bateaux, que je dis. Je ne suis pas du régiment. Je suis parti de Cavalla. J'ai travaillé à la machine. Puis je suis arrivé à Salonique, puis j'ai pris un plus grand bateau où là, j'étais pour le charbon, puis je suis venu à Marseille, puis je me promenais sur le boulevard…

— Veux-tu aller te faire habiller, dit un sergent, un Allemand. »

L'homme sauta d'un coup par-dessus ces trois années révolues, et, me prenant à témoin, jeta ce cri : « Je ne suis pas Ivan Vassili ! »

Je l'interroge encore :

— On vous a reconnu au 2e étranger ?

— Personne, personne ne m'a reconnu. On m'a mis à la place d'Ivan Vassili, et Ivan Vassili n'existe pas. Ce n'est pas moi et ce n'est pas un autre.

Alors — il revenait, d'un nouveau coup, trois ans en arrière — je me suis battu, je me suis battu pour dire — je ne parlais pas encore bien le français — que j'étais Constantinidis Ionès. Je me suis battu tous les jours. Les autres venaient derrière moi et murmuraient : « Ivan Vassili ! » Je me retournais et je me battais.

Un jour, ce fut un sergent. Et je me suis battu avec le sergent et — il éleva son moignon — le sergent m'a fait perdre ma main d'un coup de feu. Ce fut le conseil de guerre.

— Au conseil de guerre, vous vous êtes fait entendre ?

— Oui, j'ai dit : je ne suis pas Ivan Vassili. Alors, le président a dit : « Mais c'est bien vous qui vous êtes précipité sur le sergent ? »

— Oui, c'est moi. »

Alors, cinq ans de travaux publics.

D'autres détenus attendaient leur tour. Ils avaient écouté l'histoire.

— Ce sont des choses qui se passent ? Demandai-je à la ronde.

L'un d'eux s'avança, salua, et dit :

— Pour moi, c'est tout pareil. Marseille, l'homme en uniforme, le fort Saint-Jean, le bateau, puis le l'étranger. On dit que je suis Danaïloff, déserteur de la Légion étrangère. Je suis Stepane Atarasoff, Bulgare.

Je priai le photographe de prendre ces deux hommes. Constantinidis Ionès se mit au garde-à-vous devant l'appareil, et tandis que mon compagnon opérait, le Grec d'Angora lâcha une fois encore :

— Je ne suis pas Ivan Vassili.

Comme si la plaque allait pouvoir le répéter au monde…

5.
La séance de Tafré-Nidj

Tafré-Nidj n'est rien que vingt-cinq marabouts entourés d'une haie de branches séchées de jujubier (les éribas). Ce camp est perdu dans le Maroc vierge, au sol dévoré par les palmiers nains. Le lieu se trouve sur la route en construction qui reliera bientôt, sans douleur cette fois pour les côtes du voyageur, Meknès à Kenifra.

Le Moyen Atlas est à l'horizon.

L'œuvre des condamnés militaires n'est pas un mythe, elle est écrite sur la terre dure. L'une des bases de l'institution est le relèvement par le travail. Le travail est un fait ; quant au relèvement, il se pratique, de préférence, à coups de botte.

Lorsqu'il n'y a pas de fourbi, la ration pour ces hommes jeunes est suffisante : les faméliques peuvent même trouver leur compte parmi les restes. On désigne par fourbi le bon accord entre acheteurs et vendeurs de denrées. Le fourbi a pour but d'engraisser le sergent et pour résultat de dégraisser la gamelle.

Le général Poeymirau passait un jour devant l'un de ces camps.

— Que donnez-vous à manger à vos hommes aujourd'hui ? demanda-t-il à l'adjudant.

— Des févettes, mon général.

— Qu'ont-ils eu hier ?

— Des févettes, mon général.

— Qu'auront-ils demain ?

— Des févettes, mon général.

Discrètement, Poeymirau rappela à ce destructeur de légumes secs l'existence des bêtes à cornes.

Il était cinq heures du soir, le détachement n'avait pas regagné le camp. À quatre kilomètres de là, il piochait. Au camp, il ne se trouvait que les pâles (pâles parce qu'ils sont à l'ombre), les embusqués, ceux qui rafistolent les chaussures, les cuisiniers, l'infirmier. Les pâles vanteront la douceur des sous-officiers les plus... nerveux. Quand on a une bonne place, on la défend, et crève le voisin !

L'adjudant P... me mena d'autorité à la cuisine et, pour me prouver la méchanceté des légendes et que lui n'était pas un adjudant à févettes, et que la soupe était réglementaire, il prit une cuiller et, sans un mot, avec un sourire avare, la planta, comme le drapeau de sa conscience, au sein d'une gamelle consistante.

— Bien ! fit un capitaine qui venait de choir du ciel.

C'était Attila. C'était le capitaine Étienne, en inspection.

Il y eut de l'émoi dans l'air.

— Combien avez-vous de punis ?

Dès que l'on est entré au pénitencier, la peine cesse d'être une punition ; elle devient un état de choses. Pour être un « puni » il faut supporter double peine. Ration ordinaire un jour sur quatre ; le reste du temps, une gamelle par jour, c'est-à-dire, la famine.

— Sept ! Mon capitaine.

Le lieu des punis est une verrue à l'extrémité du camp. C'est un petit carré de sol entouré d'épines. Dans l'étroit passage qui y conduit, il convient de prendre des précautions si l'on ne tient pas à laisser une partie de son manteau aux éribas. Trois marabouts, pyramides de toile côtelée, se dressent dans le carré.

— Rassemblement !

Courbés, les hommes sortent des marabouts par un trou dans la toile, à quatre pattes, et, le dos aux éribas, leur casquette à la main, prennent le garde-à-vous.

Ce n'est pas un impeccable garde-à-vous. Le détenu met son point d'honneur à mal manœuvrer.

L'habit et l'usage de la tondeuse sont pour quelque chose dans la silhouette qu'ils présentent, mais ce qui est bien à eux, ce sont leurs traits et leur regard. Pour rencontrer sept mauvais garçons d'aussi sombre allure, il faudrait faire du chemin dans la vie ordinaire. Ils ont l'air si hébété que, pour éviter la contagion, on a envie de reculer.

Quand un chef passe une inspection, il fait bien en regardant les hommes dans les yeux ; il fait mieux s'il examine le tour des yeux de ces hommes. Un œil est-il poché ? C'est une lueur qui peut guider le chef dans le labyrinthe des détachements.

— Qui vous a fait cela ?

— Je suis tombé sur un manche de pelle.

Ils sont toujours tombés sur un manche de pelle…

Le second du rang était un Arabe.

— Il a tué l'un de ses camarades, dit l'adjudant, le détenu Sala.

— Vous ne m'en avez pas rendu compte.

— C'était hier, mon capitaine, à huit heures du soir. Ma lettre est partie aujourd'hui.

Quand je dis qu'il l'a tué, c'est tout comme ! J'ai envoyé le moribond à Kenifra, mais il ne respirait plus guère. Avant-hier, ils avaient joué aux cartes tous les deux, l'autre avait gagné quatre paquets de tabac. Hier, Ahmed… Tu t'appelles bien Ahmed ?

— Ahmed Mohammed.

— …lui dit : « Tu vas me donner ma revanche ». Quatre paquets de tabac, c'était une aubaine pour l'autre ; il ne tenait pas à les perdre. Il refusa la revanche.

— Il voulait faire charlemagne, dit le troisième du rang.

— Alors, dispute, bataille, et Ahmed lui enfonça sa cuiller presque jusqu'au cœur.

Ils affûtent leur cuiller sur les pierres qu'ils cassent.

— C'est bien cela ? demande le capitaine à Ahmed.

Ahmed lève la main, montre quatre doigts et, comme circonstance atténuante :

— Oui, mon *capétaine* ; quatre paquets de tabac !

Au suivant :

— Pourquoi êtes-vous puni ?

— Le sergent m'a mis une dame dans la main. J'avais les mains en feu, j'ai demandé une pioche. « — Vous avez une dame, vous travaillerez la dame », qu'il répondit. Ça me cuisait trop. J'ai jeté la dame sur la route.

Au suivant :

— Moi, dit-il, je suis orphelin.

On ne lui tira pas un mot de plus. C'est la seule réclamation qu'il voulut faire à la société.

Au suivant :

Celui-là, le plus petit, ne provient pas des bataillons d'Afrique. Aucun antécédent. C'était un zouave. Un coup de poing à son sergent et ce fut cinq ans de travaux publics.

— Toujours un 18, toujours un 30, toujours un 60 (il veut parler des jours de cellule qui pleuvent) et cela pourquoi ? Je n'en sais rien, mon capitaine. On ne peut pas se garer, il en tombe de partout.

— Vous êtes des malheureux. Prenez une bonne foi la résolution de ne plus attirer la foudre sur vous, et vous en sortirez.

— Oui, nous sommes des malheureux, mais il en faut, sans doute, et nous le serons toute notre vie puisque c'est le sort. Ce n'est pas contre cela que je proteste. Je proteste parce qu'on ne nous fait pas notre droit.

La faute principale des « délinquants militaires » est de ne pas vouloir comprendre que, dans la vie, on doit souvent renoncer à son droit.

— Mon capitaine, dit Véron, moi, j'ai à me plaindre.

— Allez.

— On m'a mis aux fers pendant deux heures.

— Pendant deux heures ? fait le capitaine à l'adjudant.

— Mais non !

Les fers se composent de deux morceaux, l'un pour les mains, l'autre pour les pieds. Les mains sont placées dos à dos et immobilisées dans l'appareil par un système à vis. Pour les pieds, deux manilles fixées à une barre, le poids fait le reste. Les fers ne doivent être appliqués qu'à l'homme furieux et maintenus un quart d'heure au plus. Il est aussi une corde qui relie parfois les deux morceaux et donne à l'homme l'apparence du crapaud. Nous n'avons pas trouvé cette corde dans le livre 57, mais au cours de ce voyage, sur la route.

— Procédons par ordre, dit le capitaine. Pourquoi cet homme est-il puni ?

— Il a été surpris sortant d'un marabout qui n'était pas le sien et tenant à la main un objet de literie ne lui appartenant pas. De plus, il y eut outrage envers le sergent. Il a dit au sergent : « C'est toi qui es un voleur : il y a longtemps que tu as mérité cinq ans ! »

— C'est exact ?

— Parfaitement ! Je l'ai dit, répond solidement Véron.

— Pourquoi les fers ?

— L'homme était furieux.

— J'étais furieux, c'est vrai, répond Véron.

— L'avez-vous laissé deux heures aux fers ?

— Au bout d'un quart d'heure, j'ai dit au sergent D... « Allez lui enlever les fers ! »

— Oui, le sergent est venu dans le marabout, mais au lieu de me les enlever, il m'a « resserré ».

— Faites appeler le sergent D...

Le nom de ce sergent m'était connu. Je l'avais souvent entendu prononcer par les hommes de la route. Ce sergent était le héros d'une histoire dégoûtante. Il faisait coucher un détenu par terre puis ordonnait à des hommes de se servir de la figure du malheureux comme d'une feuillée.

Boutonnant sa veste il apparut doux et peureux. J'imaginais les dompteurs plus fiers.

— Racontez exactement ce qui s'est passé lorsque l'adjudant vous a dit de retirer les fers à cet homme.

Le gradé se sentit pris à la gorge et bafouilla.

— Eh bien ! Racontez.

— J'ai fait ce que l'adjudant m'avait dit de faire.

— Alors, vous lui avez retiré les fers ?

— Pro… probablement.

— Avez-vous un témoin ? demande le capitaine à Véron.

— Il y a Goy, le cuisinier.

— Faites appeler Goy.

Goy est un vieux cheval : il débute aux bataillons d'Afrique. Après trois ans de « bons et loyaux services », il « esquinte » un adjudant : dix ans de travaux publics. Il fait tous les pénitenciers : Teboursouk, en Tunisie ; Douéra et Bossuet, en Algérie. Il rentre en France. C'est la guerre : il s'engage à la Légion, y tue un homme ; cinq ans derechef. Il attend impatiemment sa libération pour rengager. Il espère passer sergent pour la pension !

— Dites ce que vous avez vu, Goy, au sujet de Véron.

Goy est embarrassé. À la fin, il dit : « Je parlerai, mon capitaine, parce que vous êtes un brave homme. » Mais, au lieu de parler, il se tait.

— Qu'avez-vous vu ?

— J'ai vu quand l'adjudant rentrait Véron à grands coups de pompes (de pieds) dans le marabout…

— Vous aussi ?… fait le capitaine à l'adjudant.

L'adjudant sourit et lève la main.

Mais Véron s'impatiente : « Dis ce que tu as vu après… ».

— Toi ! dit Goy, tu n'as pas raison. Tu as fait un outrage ; si l'adjudant t'avait mis le motif, c'était le conseil et cinq ans. Tu t'en tire avec un soixante, tu devrais être content.

— Et ça ! fait Véron, montrant à ses poignets les meurtrissures des fers.

— Peuh ! fait Goy, qui en a vu d'autres.

Le capitaine ramène à la question.

— Oui, dis ce que tu as vu, enfin, fait Véron.

— Tu sais bien ; j'ai vu, quand le sergent est venu pour te resserrer…

— Bien ! Fait le capitaine, allez-vous-en. Je suis fixé.

— Je regrette pour l'adjudant, dont je n'ai pas à me plaindre, fait Goy en se retirant, mais ma conscience de détenu…

Cinq minutes plus tard, nous étions sur la route, à la sortie du camp. La nuit venait.

Le capitaine, sans doute pour préciser un point du court entretien particulier qu'il venait d'avoir avec l'adjudant, appela Goy :

— Vous ne m'avez pas tout dit ?

— Je ne sais pas, mon capitaine.

— Vous avez vu l'adjudant « rentrer Véron à grands coups de pompes dans le marabout », et après… ?

— Moi ! Je n'ai pas vu cela, dit Goy.

— Vous venez de le déclarer.

— Jamais ! Jamais !

— Ne l'avez-vous pas entendu, monsieur ?

— Exactement.

— Jamais ! Jamais ! fait Goy. Je n'ai pas vu cela. Je n'ai rien dit et je n'ai rien à dire sur l'adjudant.

— Et sur le sergent ?…

— Je n'ai rien dit. Je ne sais pas. Je n'ai rien vu.

— Vous voyez ! fit l'adjudant, étirant victorieusement sa moustache.

Nous partîmes. Et la nuit cette fois, s'étendit de tout son corps sur le petit camp de Tafré-Nidj.

6.
À Sidi-Moussah, Foum-Tegghett et autres lieux

Ils cassaient des cailloux sur la route, entre Dahara et Tafré-Nidj.

Le paysage était sauvage.

Ils étaient arrivés tout à l'heure, la pelle, la pioche et la dame sur l'épaule.

— Halte ! Fixe ! Repos ! Au travail !

Des tirailleurs marocains veillaient au grain.

Depuis cinq jours, on ne voyait plus sur cette route que le rouleau à vapeur et moi. Il faut permettre aux gens de s'habituer à votre figure.

Un détenu qui s'en allait seul, un appareil de jalonneur à la main, me dit en passant, sans ralentir le pas :

— C'est à Sidi-Moussah que vous auriez dû venir il y a quelque temps.

Et il partit jalonner.

Le sergent-major de ce détachement n'avait pas été à Sidi-Moussah.

D'ailleurs, je n'étais pas mal avec ce sergent. Je m'approchai de lui :

— C'est comme les affaires de Sidi Moussah, lui dis-je, ce sont là des abus.

— J'en ai entendu parler, fit le sergent.

Des hommes qui piochaient juste à côté relevèrent la tête et l'un dit :

— Sidi-Moussah, c'était la 5e compagnie.

Par la 5e compagnie, les détenus désignent la mort.

— Qu'est-ce que l'on vous faisait à Sidi-Moussah ?

L'homme posa sa pioche :

— À mon entrée à Sidi-Moussah, je tombe malade et suis reconnu. On me laisse quatre jours sous le marabout, sans manger, ce qui pouvait se comprendre, mais sans boire. Je n'ai bu qu'une fois, un camarade ayant risqué une punition pour m'apporter de l'eau. Alors comme je protestais, on accrocha une chaîne au sommet du marabout, puis on me pendit par les reins. Je suis resté ainsi tout l'après-midi. Le soir, le sergent entra dans le marabout. Il eut pitié de moi, me décrocha et me fit donner un quart d'eau. C'était bon, car ce que j'avais bu pendant ces quatre jours n'est pas propre à dire. C'était le sergent P… Le lendemain, le sergent L… m'a fait traîner de force au travail…

— Pourquoi refusiez-vous de travailler ?

— J'étais malade.

Il n'est pas de médecin dans les camps. Un homme est-il ou n'est-il pas malade ? S'est-il maquillé ? La consultation est remplacée par un dialogue invariable : — Malade, dit l'homme. — Je te ferai travailler *bessif* (de force), répond le sergent.

— Il m'a donc fait traîner deux cents mètres sur le dos par les tirailleurs ; puis, revolver sous le nez : « Travaille, salopard ! » J'ai refusé. On m'a reconduit sous le marabout, on m'a rossé à tour de bras, attaché en crapaud et suspendu toute la journée.

— Ces actes-là doivent être signalés officiellement, dit le sergent ; pourquoi ne l'avez-vous pas fait ?

— On a toujours peur d'être pris en grippe.

Un autre homme s'appuya familièrement sur sa pioche et dit :

— Moi, Baron, une fois j'attrape un 29 (vingt-neuf jours de cellule). Pendant onze jours je touche ma gamelle. Le douzième on m'apporte ma soupe, on y avait jeté deux grosses poignées de sel. Inutile d'essayer de la manger, on la vomirait. Et c'est tout notre régime quand on est en cellule. J'attendis le lendemain. C'était la même chose, tous les jours suivants aussi. Alors le sergent D… vint et me dit : « C'est bon la soupe au sel, hein ? » Heureusement un lieutenant passa et me fit remonter à Dar-Bel-Hamrit. En arrivant à Sidi-Moussah, je pesai soixante-dix-sept kilos, et cinquante-six en le quittant.

Un autre me dit :

— Les sergents de Sidi-Moussah avaient dressé un chien. Chaque fois que nous sortions pour les corvées, ils l'envoyaient nous mordre. Mais le chien était mieux qu'eux. Il ne voulait pas.

Flanqué de ses deux aides, portant des paquets de corde au dos, et du tirailleur, le jalonneur revint son grand bâton de travail à la main. C'était le détenu dégourdi. Le rôle qu'on lui confiait l'attestait, son regard aussi.

— Ah ! fit-il, on parle de Sidi-Moussah ?

Et, se tournant vers le sergent :

— Ici, ce n'est plus pareil. C'est que moi je suis ancien dans la maison.

— Vous connaissez des choses de Sidi-Moussah ? Demandai-je à mon compère.

— Il y en eut tellement ! Tenez, un jour, un Arabe — il se passa la main sur le front — je ne me souviens plus de son nom, mais d'autres vous le diront, c'était un bon ouvrier, il faisait 300 à 350 kilos de bois dans la journée ; or, ce matin-là, il était malade.

— Ah ! Tu ne veux pas travailler ! lui dit le sergent P...

À Sidi-Moussah, la maladie était rayée de la vie. Dire aux sergents : « Je suis malade » était leur faire un outrage. Alors ils ont mis l'Arabe tout nu et l'ont attaché sur les éribas. C'était l'été, cinquante-deux degrés pour le moins. Toute la journée, le pauvre arabe couché sur ses épines criait : « À boire, cuisinier, par pitié ! » Il criait aussi : « Pardon, sergent ! Pardon ! » Le soir, alors qu'il n'allait pas mieux, au contraire, il cria au sergent : « Vous avez raison, sergent, je ne suis pas malade. » Il disait cela pour avoir à boire. Les Arabes sont moins résistants et moins fiers que nous. Alors le sergent lui dit : « Tu vois, tu avoues que tu n'es pas malade » et il le détacha.

Ah ! Ce sergent P…, continue le jalonneur, il avait une canne avec un gros bout. Quand, par hasard, il reconnaissait que l'homme était malade, il lui disait : « Va te coucher, je vais venir te soigner. » Et, apparaissant sous le marabout : « Je t'apporte de la quinine, disait-il, tire la langue. » L'homme tirait la langue et le sergent poussait la pilule du bout de sa canne, comme on gave les oies. Ce n'était pourtant qu'à douze kilomètres de Dar-Bel-Hamrit.

— Ah ! Oui ! faisaient les autres détenus, c'était le camp de la mort.

— C'était simple, reprit le dégourdi ; un homme puni était un homme fichu. En cellule j'ai touché sept quarts de pain en vingt-neuf jours. Jamais à boire. On ne buvait — et encore en fraude — que tous les sept jours quand passait la corvée de lavage. On se jetait sur les paquets de linge pour en sucer l'eau. Le reste du temps on buvait ce que vous supposez. On se la vendait même ! Car il y en avait chez qui la soif l'emportait sur la faim. Et ils donnaient un quart de pain pour *en avoir*.

— Ce que nous vous disons est vrai, monsieur, fit un autre témoin, puisque le capitaine qui n'empêchait pas ces choses a été débarqué.

Mais le jalonneur :

— L'homme qui à Sidi-Moussah ne pouvait finir sa tâche (nous devions arracher 150 kilos de racines de palmiers nains par jour), le soir venu, était déshabillé *bessif,* et couché dans la tranchée. Nous étions, dans cette tranchée, à deux mètres les uns des autres. Les Sénégalais qui nous gardaient avaient ordre de nous piquer de la baïonnette au moindre geste.

À minuit, le sergent se levait, nous rassemblait et, vingt fois de suite nous faisait boucler le tour du cantonnement au pas gymnastique, à coups de crosse, à coups de bâton. « Ça les réchauffe, criait-il, ces enfants-là. » Après, il nous arrosait d'eau et nous allions nous recoucher dans la tranchée. L'eau gelait sur nous immédiatement.

— Vous étiez chez un entrepreneur ?

— Oui. Cet entrepreneur avait même un enfant de quatorze ans, qui nous criait chaque fois qu'il passait dans le chantier :

« Travaillez pègres, ou je vais le dire à papa pour vous faire battre. »

Un jour, l'entrepreneur dit au sergent : « Il me faut soixante-quatre quintaux de bois dans la matinée, arrangez-vous. » Nous étions quarante-cinq hommes, alors. Il eût fallu voir le sergent P... : (Les sergents reçoivent en cachette de l'argent des entrepreneurs) « Ramenez-moi ça, criait-il, tirailleurs ! Tirailleurs ! Allez ! à la cravache, à la crosse ! plus vite ! » Les derniers attrapaient sur l'échine. Comme on n'avait pas envie de récolter cinq ou dix ans de rab, on ne disait rien.

Il y eut aussi des histoires avec les Sénégalais. On vit de tout dans ce camp. L'affaire Lequillon, entre autres, un légionnaire.

— Donne-moi du tabac, lui avait dit la veille un Sénégalais.

— Non !

— Toi pas bon camarade, toi fini avec moi.

Le lendemain, on trouva Lequillon la serpe à la main, devant la souche qu'il était en train de couper.

— Qu'est-ce qu'il avait ?

— Il était mort, pardi !

— Tous ceux qui descendaient de Sidi-Moussah à Dar-Bel-Hamrit c'était pour mourir, fit l'un, en continuant de casser ses cailloux. Il y eut cinquante et un morts en trois mois.

— Moi (c'était un autre), le sergent C... m'a mis son revolver sous le nez et m'a dit : « Si tu fais un geste, je te tue » ; puis, m'ayant arraché les habits, il m'a couché sur les éribas. Après, comme j'avais des plaies plein le dos, il m'a fait porter sur l'épaule nue de la chaux vive. À ce moment, on avait beau réclamer, les réclamations ne comptaient pas.

— Mais ce sont de vieilles histoires, dis-je.

— Elles n'ont pas un an.

— Et les choses de Foum-Tegghet, demande un grand maigre, elles vous intéressent aussi ?

Foum-Tegghet est un passage romantique dans le pays berbère avant d'atteindre Kenifra. C'est rocailleux, tourmenté, raviné. De hautes pierres sauvages y font éclater le sol. C'est l'un de ces endroits qui n'ont pas bougé depuis la création du monde. La piste dut être dure à tracer à Foum-Tegghet !

— À Foum-Tegghet, un homme, en mangeant de l'herbe, s'est empoisonné, car il n'avait pas vu qu'elle contenait de la ciguë. Ce fut pour les sergents une vraie trouvaille. Tout ce qui arrivait de mal, par la suite, à Foum-Tegghet était la faute de la ciguë. Ainsi, Bouchot qui mourut intoxiqué, je vais vous dire comment...

Il me le dit. C'est encore une histoire d'homme-feuillée.

— Eh bien ! ils ont dit que c'était par la ciguë.

— Moi, fait Mohamed ben Ali, à Foum-Tegghet, les sergents R..., D... et G... m'ont mis tout nu, puis, entre deux éribas, puis ils m'ont dansé dessus tous les trois.

— Moi j'étais malade. Alors j'ai entendu subitement crier dans le camp : « Le 6-28, le 6-28, où est-il ? » Le sergent me trouva sous le marabout et il me tomba dessus à grand coups de nerf de bœuf.

— Et à El-Bordj !...

— Maintenant, travaillez, fit le chef du détachement.

Alors le jalonneur se tourna vers le chef :

— La route ira bien, maintenant, au kilomètre 102, sergent ; je l'ai rectifiée.

7.
À El-Bordj, Sidi-Bouhalal et autres lieux

Au camp de Dahara, ce matin, tout était gai. Il arrivait aux détenus une étonnante chose, ils couraient après le premier passant pour la lui apprendre :

— Maintenant on mange bien, on n'est plus maltraité, on travaille !

Cent quatre-vingt-huit hommes formaient ce camp.

— Et il n'y a que deux malades. Quand ils ont dit : « Je suis malade », on ne les a pas assommés, on les a fait coucher, oui, monsieur ! Ah ! Nous n'avons plus à nous plaindre, au contraire.

Les Arabes ont retrouvé le paradis vert de Mahomet.

— Y a bon, oui, monsieur, maintenant bien manger, bien coucher, y a café, bon sergent, pas dispute, travail, c'est tout.

Trois hommes étaient punis ; deux avaient un 18, l'autre un 29 (jours de cellule).

On alla les voir.

— Aviez-vous mérité votre punition ?

— Je ne l'avais pas volée, dit l'un.

Celui-là avait renversé intentionnellement la gamelle d'un camarade : le camarade resta le ventre vide. Les deux autres « en avaient fait à leur tête ».

— Comme leur conduite est bonne, ils n'accompliront pas leur peine jusqu'au bout, fit le sergent.

— Merci ! Sergent Flandrin.

Ils ne disent jamais le nom du sergent. Dans ce cas ils tenaient à marquer que ce n'était pas à un sergent, mais au sergent Flandrin que s'adressait le merci.

Je demande au sergent :

— Avez-vous du mal pour les conduire ?

— J'obtiens d'eux ce que je veux.

— Vous êtes ici depuis longtemps ?

— Deux mois.

Deux mois de bon traitement avaient transformé l'esprit du camp. Il semblait aux détenus qu'ils venaient de sortir de « ce milieu amer et plein de vices immondes ». « On est toujours dans la peine, me dit l'un, mais cette fois la peine est propre. » Un autre se réjouissait si franchement de son nouveau sort que je le crus à la veille de sa libération.

— Oh ! non ! dit-il, j'en ai encore pour treize ans !

Une nouvelle troublait pourtant les hommes : le sergent Flandrin arrivait au bout de son temps. Il allait rentrer dans la vie civile.

— Qui le remplacera ? Pourvu que les jours d'El-Bordj ne reviennent pas ?

Ni ceux de Sidi-Bouhalal.

Hier, j'avais aperçu de la route une espèce de sinistre relais au flanc d'une montagne. C'était à l'horizon, la seule révélation qu'un jour des hommes fussent passés par-là. Maintenant, les maisons de boue s'écroulaient. Le lieu était abandonné. Le soir, en revenant, je n'y vis même pas les yeux d'un oiseau de nuit. C'était El-Bordj.

Rochon dit :

— À El-Bordj, il y avait un four à chaux. C'est là que l'adjudant M... (l'adjudant d'acier de Dar-Bel-Hamrit) nous mettait quand nous étions malades. Ensuite, par le haut, il nous versait de l'eau froide sur la tête. Puis il nous laissait toute la journée au fond du four, sans manger.

Mais un détenu à lunettes interrompt :

— Il avait une autre invention... Il faisait aussi porter le malade dans la fosse d'aisances, en plein soleil. Le malheureux demeurait là-dedans toute la journée, et, à midi, l'adjudant lui envoyait à la place de sa gamelle, une dose d'ipéca. C'était moi l'infirmier.

— Laisse-moi parler, fait Rochon. D'autres fois, les malades restaient au garde-à-vous, au milieu de la cour, sept ou huit heures de suite. Quand l'adjudant passait près d'eux, il leur crachait au visage et leur donnait des coups de matraque, le sang sortait par la bouche ou par le nez. « Quand vous viendrez vous faire « porter malades », nous disait-il, vous tiendrez votre tête à la main, comme un saint de l'histoire, autrement vous serez punis. »

— Laisse-moi dire, fait l'infirmier, j'en ai vu plus que toi grâce à ma place. Ainsi, l'Arabe El Hadi. Il n'est pas reconnu malade. On le traîne au chantier. Là, il ne peut faire son travail, et lâche sa pioche. Alors, on le met sur le bord de la route, la tête en bas, les pieds sur un tas de cailloux et un parpaing, une large pierre plate, sur le ventre. Il reste au soleil toute la journée. Il demande à boire. À un moment, on lui apporte une gamelle, il croit que c'est de l'eau il boit. C'est du sel fondu. Le soir, on le ramène au camp dans une brouette. Je veux commencer à le soigner. Le pouls ne battait déjà plus. Une demi-heure après, il était mort — il avait, a-t-on dit, mangé de mauvais champignons au cours de la journée !

Un colosse arabe, qui du bout de sa pioche fait voler des éclats de terre, s'arrête soudain de travailler et, coupant la parole à deux ou trois :

— Moi, Ben Hammed, matricule 807, j'ai à dire aussi sur El-Bordj. Moi, j'avais un chef, sergent B…, qui crevait ma peau de coups de cravache. « Crève, sale tronc de figuier », disait-il. Moi, travailler tout le jour et moi pas d'eau, pas manger, pas rien. Il me faisait mettre un caillou dans la main, fermer la main et avec sa cravache : rhein ! rhein ! dessus. Comment que ça se fait, moussieu ?

— Et moi, inscrivez bien mon nom.

C'était un tout petit, un pégriot.

— Je vais vous apprendre la fin du détenu Martin qui se prit de querelle avec le sergent T…, à la portion centrale. Alors le sergent lui dit : « Si tu tombes dans mon détachement ton affaire est faite. » Il y tomba c'était au camp Bruyant. Cellule, manche de pioche sur le dos ; enfin, un matin, vers neuf heures, Martin ne tenant plus debout, prononce la phrase fatale. Il dit : « Je suis malade, je ne puis plus travailler. » Le sergent le prend, le pousse au fond d'un petit ravin, mais il réfléchit et lui dit : « Viens avec moi. » C'est à ce moment que tous deux passèrent près du sergent G... Et le sergent T... dit à son collègue : « On va encore se débarrasser de celui-ci. » Le sergent T... emmena le détenu derrière les éribas et le roua de coups si bien placés que le camarade resta inanimé. Le sergent nous appela et dit à deux d'entre nous : « Remontez-le au camp. » Nous l'avons remonté. Il est mort le lendemain matin, sous le marabout, sans parler.

— Moi aussi, j'ai à dire sur El-Bordj.

— Parlez.

— Je m'appelle Cornil, je me suis rebiffé. Voici ce qui s'est passé. Je suis piqué par un scorpion. Je le fais constater par le sergent G... Il me répond : « Crève ! ». La piqûre était venimeuse, la fièvre me prend. Je perds la tête, je refuse d'aller au travail. Je dis à l'adjudant S... : « Faites-moi passer en conseil de guerre, je préfère n'importe quelle peine, la réclusion, les travaux forcés à ce que l'on me fait subir ici. » L'adjudant lève sa cravache pour me frapper. Je recule d'un pas et, décidé à tout, je lui dis : « Crevé pour crevé, si vous me touchez, je vous rentre dedans jusqu'à mon dernier souffle. » Il laissa retomber sa cravache, me conduisit en cellule et me dit : « Tu veux passer le falot (aller au conseil de guerre). Ce n'est pas mon idée à moi, je t'aurai sur place. »

« Enfin, me voici au tombeau sous le marabout. Il y faisait une grosse chaleur de désert. Là, je trouve quelques camarades qui avaient plutôt l'air d'être de l'autre monde. La vie me semblait insupportable. À tout prix, je voulais le conseil de guerre pour échapper à mes ennemis sans cœur. Je me procure une cuiller coupante et lacère le marabout. L'adjudant arrive et demande : « Qui a fait ça ? » Je sors et réponds : « C'est moi. » Il me dit : « Ton affaire est faite. » Et il s'en va.

« Demandez maintenant au sergent Flandrin si je ne suis pas bon détenu et bon travailleur, et voyez l'état d'exaspération où l'on nous mettait.

« Une demi-heure après, le sergent M… m'appelle : « Sors, me dit-il, l'adjudant te demande. » Je sors en toute confiance, et je tombe dans un guet-apens. L'adjudant que je ne pouvais pas encore voir, m'envoie dans le dos un formidable coup de manche de pioche. Je veux riposter mais j'avais les reins brisés comme un chat et je reste sur le sol. Aussitôt, l'adjudant me saute dessus et m'écrase sous ses talons. J'étais dès lors impuissant. Il me fait transporter sous le marabout, me met les fers aux pieds et aux mains, relie les deux appareils par une corde savonnée, c'est ce que nous appelons la crapaudine, et il me laisse ainsi pendant six heures dans une position tellement torturante que je crus casser ma pipe. Enfin, deux jours après, comme malgré ses coups je me cramponnais à ce monde, il m'envoya au conseil de guerre, en recommandant aux deux Sénégalais qui m'accompagnaient de me tuer si je n'allais pas droit. Il me lança sur la route sans une goutte d'eau. C'est la dernière torture qu'il me fit. J'ai attrapé deux ans de rabiot. Voilà ce que me valut une piqûre de scorpion. C'est là, monsieur, la grande vérité. »

Maintenant, tous parlaient à la fois :

— On était plus mal traités que les chiens des Chleuhs.

À Sidi-Bouhalal, le sergent F… nous montrait sa canne toute la journée et nous disait : « Vous voyez ma canne, regardez-la bien, vous deviendrez gras comme elle ! »

— Moi, Pauliac, pour échapper aux châtiments, je me suis accusé d'un vol que je n'avais pas commis, un vol de deux bouteilles de vin. Et je suis allé au conseil. J'ai attrapé un an de plus, mais cela valait mieux que tant de coups de bâton.

— Le sergent P… nous faisait servir nos gamelles et les mettait à terre. Il appelait son chien. « Allez à la corvée, nous disait-il, vous n'avez rien à craindre, le chien gardera les gamelles. » Quand, la corvée finie, nous revenions vers notre malheureuse soupe, le chien l'avait mangée.

— Et le sergent allemand L… ?

Parfois le corps de la justice militaire manque de bras, il demande des auxiliaires. C'est ainsi que de la légion étrangère arrivent des *sergents allemands.*

— Le sergent allemand m'ayant assommé de la poignée de son revolver m'attacha à la crapaudine et me mit la tête au-dessus de la tinette. Puis il partit. Le soir, le sergent-major me détacha. L'Allemand rentra du chantier. Il passa sa sale gueule par l'ouverture du marabout et me demanda : « *Tu n'es pas encore créfé, zalopard ?* » Puis, voyant que j'étais détaché, il me reficela. Je suis resté en crapaud jusqu'au lendemain matin. Il me faisait payer Verdun.

— Au four à chaux, il nous obligeait à prendre les pierres brûlantes avec nos mains. Et il « charriait » par-dessus le marché : « Les sacs, nous disait-il, sont pour la *batrie !* ils sont trop chers pour vous, zalopards ! »

— Et les trousseaux de clefs lancés sur nous comme par une fronde.

— C'est de là que nous avons rapporté tous nos « bouzillages ».

— Et l'Allemand qui me disait : « Montre-moi ton dos. » Je me tournais. « Courbe-toi ! » Je me courbais. Alors il profitait de ma triste position et m'envoyait, d'un grand coup de pied, le nez contre terre. « Viens ici, tourne-toi. » Je me tournais. « Courbe-toi. » Je me courbais et il recommençait tant que ça l'amusait.

— C'est comme l'adjudant M... qui arrivait sur le bout de ses souliers, pour mieux nous surprendre. Il nous envoyait un coup de pied dans les fesses. Il fallait saluer sur-le-champ. Il était content, sinon c'était un dix-huit ou un vingt-neuf !

— El-Bordj, Sidi-Bouhalal, M'mrit, ah ! Quel temps !

Ils réfléchissent. Ces visions repassent devant leurs yeux.

— Mais aussi, dit le 633, quand tout cela sera fini, si nous sommes sur le quai de Marseille le jour où le capitaine Étienne et le sergent Flandrin débarqueront pour aller voir leur mère, nous porterons bien volontiers leurs bagages à l'œil jusqu'à la gare Saint-Charles. Pas, les copains ?

8.

Le marabout des douleurs

La vie des sous-officiers de la justice militaire n'est pas folâtre, c'est entendu ; les psychologistes pourraient peut-être même pousser là une étude de l'homme pris dans ce qui lui reste de profondément animal. Les actes cruels qui marquent la carrière de beaucoup de sergents surveillants sont moins le résultat d'une décision de l'esprit que la conséquence naturelle d'une brutalité qui se croit des droits et se donne des devoirs.

L'un de ces chaouchs, blâmé par un capitaine, resta d'abord tout court. La base de son savoir croulait sous lui : « Je pensais que c'était ainsi qu'il fallait procéder » répondit-il sincèrement.

Ces gens ne croient pas mal faire. Il en est de très inhumains qui sont bons pères de famille. Pour eux la société les a mis là comme un bras qui frappe. Ils auraient l'impression de trahir leur rôle et de voler leur maigre solde s'ils agissaient autrement.

Alors, pourquoi choisir les surveillants parmi des hommes d'une mentalité si élémentaire ? C'est que les esprits éclairés trouvent des carrières plus lucratives et que les saints ne courent pas les rues.

D'ailleurs, on ne les choisit pas. On prend ce qui se présente.

Qu'on leur impose une ligne de conduite, dira-t-on.

On le fait dans quelques pénitenciers. On le néglige ailleurs.

Les capitaines commandants d'établissement ne sont pas des professionnels de la justice. On leur donne un pénitencier comme une compagnie. Jugez de l'effarement de certains en tombant dans ce cloaque.

S'il en est qui s'intéressent à la tâche qui leur échoit, d'autres ne font qu'expédier les affaires courantes, d'autres même...

De plus, les capitaines passent et les sergents demeurent.

Un capitaine, ayant étudié son monstre, crut avoir découvert la source de tout le mal ; il rédigea la note circulaire 39.

Ne pas tutoyer les détenus.

Ne jamais leur faire d'observation dans la chaleur de l'emportement ;

S'exercer à attendre le retour au calme ;

Ne pas les réprimander en criant, ni sur un ton d'interrogation qui incite à la riposte ;

Les chefs de détachement ne transmettront jamais une punition pour réponse sans s'être assurés personnellement que ces principes ont été observés ;

Craindre comme le feu d'avoir quelque chose à la main dont on puisse être tenté de se servir (canne, bâton, cravache, etc.) ;

Ne jamais, sans nécessité, s'approcher nez à nez du détenu.

Justes remarques, mais folle joie ! Nous voulons parler de la joie qui s'empara de la rate des vieux sergents de la maison. On peut dresser des recrues, on ne réforme pas des vieux de la vieille.

Et puis, il y a le vin.

C'est ainsi qu'ils étaient six sergents : le sergent C..., le sergent R..., le sergent V..., le sergent Gla, le sergent Ger, le sergent Géo. C'étaient six bons copains qui n'avaient pas beaucoup de distractions. Pourquoi étaient-ils dans le bled, au milieu de pègres, à écouter, les soirs, crier les chiens errants plutôt qu'assis à une bonne table d'un nostalgique café chantant, en une vieille ville de garnison ? Oui dà ! Pourquoi ? Regrets, cafard, vie bien amère !

Tout cela était la faute des « salopards ». Pas de salopards, pas de détachement. Coucher dans des baraques dont les planches ne se rejoignent pas et recevoir ainsi, quand on croit être chez soi, l'hiver le froid des nuits et l'été le sable du simoun, et gagner quoi ? Dix sous par jour de supplément ! Non et non, cela ne saurait adoucir le caractère.

Quant à la pègre ! Ah ! Jamais sans nécessité s'approcher nez à nez de ces oiseaux-là ! Ce serait du propre ! Qu'il vienne les garder, le capitaine, s'il les aime tant ! Quand ils auront joué deux ou trois fois sa vie aux cartes, il en reviendra.

— Eh ! Là-bas ! Vous ? Qu'est-ce que vous f... là au milieu de la cour ?

— Je vais à l'infirmerie.

— Approche ici... As-tu entendu ?... Approche ici ! Tu es malade aussi, toi, peut-être ?

— Non, sergent...

— Tu n'es pas malade et tu vas à l'infirmerie ? Ça vaut un dix-huit... Fiche le camp en cellule.

— Je préfère un vingt-neuf, fait l'homme narquois.

— Je te ferai crever. Si tu sors d'ici vivant, je veux rendre mes galons. Vas-tu aller en cellule ou veux-tu que je t'y conduise ?

— De quel côté qu'elle se trouve, la cellule, sergent ?

— Du côté de mon pied, saligaud ! Ah ! Tu veux que je t'y conduise ? Rran ! Veux-tu marcher, pourriture ? Rran ! (Et il y a les fers au bout !) Et regarde celui-ci (il lui montre le Sénégalais perché comme un grand échassier noir, sur un mirador qui domine le camp). Si tu fais vingt pas hors des éribas, tu peux préparer ta lettre de faire-part...

Tout cela donne soif. Le vin est bon et pas cher. Le sergent va boire un coup.

Dans un détachement de cent-vingt détenus, on peut compter une vingtaine d'hommes à l'instinct monstrueux. Puisqu'il est des personnes qui n'aiment pas que l'on parle de criminel-né, disons que ces hommes, un jour, ont trouvé le crime, ramassé et bien serré contre leur cœur. S'ils n'étaient dans les pénitenciers militaires, ils seraient à Clairvaux. Les cent autres sont des délinquants de l'armée.

Les plus mauvais cœurs ne sont pas les plus mauvaises têtes. C'est souvent le contraire. L'homme crapule ne se lance pas à l'aventure, il combine ses coups. Ce n'est pas lui, généralement, qui attire la foudre toujours prête des sergents ; c'est l'autre qui, soudain, se dresse et reçoit la décharge. Les moins coupables sont souvent les plus punis. Quand on abat des noix, on ne regarde pas où l'on frappe.

Les six sergents de ce camp-là, tous les soirs, après la soupe, se rendaient au marabout disciplinaire. C'était un rite. Il faisait chaud, le vin était bon. Le désir les prenait de visiter leurs « préférés ».

Ils trouvaient les uns aux fers, les autres libres de leurs membres.

— Tiens ! Viens ici, toi ; on va te dégourdir les jambes. Prends cette brouette et tourne en courant autour de la cour. Enlève ta veste, enlève ta chemise et passe à ma portée.

Chaque fois que, l'homme à la brouette arrivait sous la main du sergent, le sergent lui cinglait le torse de sa cravache. L'homme, pour éviter le coup, opérait, tout en courant, un mouvement brusque du buste. C'est ainsi qu'il tomba au quatrième tour sur sa brouette et se démit l'épaule. Opportune fracture ! Le capitaine — le capitaine qui n'expédie pas seulement les affaires courantes — grâce à elle, après rudes enquêtes, découvrit le manège. Le sergent fut rendu à la vie civile.

— Tiens ! Viens ici, dit à son tour le sergent Géo au détenu 11 446.

Le détenu qui connaît le rite, sort du marabout et saute sur le sergent. Le pugilat entre ces deux hommes, dont l'un est ivre et l'autre en fureur est sans quartier.

— À moi ! crie le sergent.

Les huit Sénégalais accourent. Le gradé est retiré des griffes de 11 446. On apporte les fers. Voilà l'homme immobilisé.

— Attends ! lui disent les six sergents.

Avec de la braise, 11 446 est brûlé au nez et aux talons. Quant à la fourchette qu'ils lui introduisirent dans la bouche, les avis sont partagés. Les uns disent que c'était pour l'étrangler, d'autres, pour lui arracher des dents…

Belles soirées au soleil couchant !

Le lendemain, après boire, les sergents revenaient. Ils jetaient de l'eau à la figure d'un détenu immobilisé par les fers. Ils saupoudraient ensuite avec du sucre en poudre. C'était pour les mouches, qui avaient bien mérité leur petit dessert !

— Vous seriez monté ici voilà seulement dix mois, personne n'aurait osé vous parler, dit un homme.

— Parce que le soir même, dit un autre, il aurait vu les étoiles pour la dernière fois.

Quelqu'un leva le doigt comme à l'école.

— Dites.

— Souvent les sergents rassemblaient la garde, et même une partie du détachement. Ils demandaient : lesquels de vous ont envie de cracher ? Ils les faisaient défiler devant un « salopard » et l'homme prenait tout. Deux fois la garde a refusé ; les détenus étaient obligés d'obéir. Et parfois, *ce n'était pas seulement l'envie de cracher* qu'exigeaient les chefs. Un camarade en est mort.

Alors, un timide dont la casquette avait une bien grande visière, s'approcha de moi, une « dame » à la main.

— Je voudrais, dit-il, vous raconter un petit épisode personnel, du temps du marabout.

— On l'appelait le marabout des douleurs, fait un voisin.

— Le sergent me dit : « Mettez-vous tout nu. »

On me couche sur les éribas, puis on me danse dessus. Après, ce fut les fers. Les éribas m'avaient valu des plaies : « Je vais te guérir, attends ! » Et il me passe de la teinture d'iode sur les plaies. Je criais comme un enfant. « Attends ! » dit-il encore. Il prend une touffe d'éribas, l'arrange en rond et la met sur ma tête, sans toutefois l'enfoncer.

— Maintenant, avec ta couronne d'épines, tu es comme Jésus-Christ, dit-il, et moi, ici, je suis le bon Dieu… Je suis resté sept jours en cellule. Pendant sept jours il m'a refusé de l'eau. Un jour, il m'apporta un demi-quart d'eau qu'il avait fait chauffer au soleil. Tous les soirs, les six sergents venaient.

— Alors, vous n'êtes pas encore mort ? me demandaient-ils.

« Tantôt ils me disaient tu, tantôt ils me disaient vous.

— Non sergents, mais donnez-moi à boire, par pitié !

— Appelle *Moulana* (le bon Dieu arabe), il fera pleuvoir.

« Je croyais qu'ils voulaient dire qu'alors ils me donneraient de l'eau. Et j'appelais : « Moulana ! Moulana ! ».

— Eh bien ! Tu vois. Moulana ne veut pas t'envoyer de l'eau. Qu'est-ce que tu lui as donc fait ?

« Le lendemain ils sont revenus. Ils étaient ivres, bien entendu.

— Donnez-moi à boire, par pitié ! à boire !

— Eh bien ! Chante.

« Je me mis à chanter :

Maman les p'tits bateaux…

Qui vont sur l'eau

Ont-ils des jambes…

« J'avais la gorge brûlante.

— Chante encore.

Maman les p'tits bateaux…

« Ils ne m'ont pas donné à boire.

« Ils ont applaudi, puis ils sont partis.

9.
Maquillage

« Tu te tourmenteras toi-même. »

C'est un commandement que tous devraient inscrire sur leur front, à l'encre bleue des tatouages.

La privation de liberté, la peine du dur travail forcé, l'invasion des puces sous les marabouts, les cinquante-cinq degrés au soleil, pendant l'été, le froid martyrisant des nuits d'hiver : cela n'est pas suffisant. La justice, la nature, la cruauté naturelle des hommes, s'abattent sur leur tête ; ils ne se sentent pas comblés ! Leur pensée affolée complote contre eux-mêmes. Ils forgent à grands coups, sur leur corps, de nouvelles souffrances.

Pour échapper aux sergents, ils se « maquillent ».

Rassurez-vous, mesdames, il ne s'agit pas là de concurrence. Le but qu'ils veulent atteindre n'est pas de conserver un teint de rose et de lys jusqu'à quatre-vingt-cinq ans, comme Ninon de Lenclos. Ils s'inoculent des maladies, se déforment des membres, se tranchant des doigts, se brûlent les yeux. Ils s'exercent à paraître fous, à tomber en syncope et, quand ils font l'épileptique, à ne pas réagir sous des odeurs piquantes. Les nuits, on en voit qui rôdent, à l'heure des rondes, la chemise flottante, entre les lits des baraquements ; c'est l'entraînement au somnambulisme... c'est autre chose aussi.

Les chiens errants ne manquent pas dans le bled. Ils le parcourent lentement, nuit et jour, dans l'espoir d'une vague charogne. À défaut de charogne, et lorsque l'on sait les exciter, ils mordent volontiers, paraît-il, dans un mollet vivant. C'est une aubaine. L'homme entretient la marque des dents et attend deux semaines. Il ne s'agit plus que de grimacer, de tordre la bouche, et de faire écumer la salive sur ses lèvres. Et, l'œil hagard, on se présente devant le toubib. On est enragé !

D'autres préfèrent la paralysie. Il faut d'abord savoir tomber raide devant un chef. Auparavant, on se sera promené de longs jours avec un bras pendant, comme mort, à son côté. On aura pris la résolution de renoncer à toutes les douleurs qui s'ensuivront. Si l'on passe derrière vous et que l'on vous pince le bras, il faut se rappeler que l'on ne doit pas crier. Si l'on vous le pique ou si l'on vous le brûle incidemment, la même indifférence est de rigueur.

On ne marche plus évidemment qu'en raclant le sol. Et si l'on oublie qu'il est indispensable de décrire avec sa jambe gauche des arcs de cercle, c'est que l'on est « digne d'être têtard » (d'être découvert).

Il faut une grande volonté pour devenir bossu. Avant de se lancer dans ce maquillage, les plus sérieuses réflexions sont recommandées aux candidats.

— Es-tu capable d'un effort soutenu ? Cela, d'abord, te coupera la respiration, mais on s'y fait. Tu auras l'impression d'avoir le cou dans un carcan. Essaye ! Essaye ! Avance ton cou, avance ta tête, rentre ta poitrine. Encore ! Encore ! Renfonce ! Fais comme si tu voulais qu'il te pousse des ailes aux épaules, fais saillir tes omoplates, quoi ! Comment te trouves-tu ? Tu as déjà les châsses qui se lamentent. Tu n'es pas de taille pour ce numéro-là. Essaye de l'arthrite du genou, mon vieux, c'est davantage dans tes cordes.

— Qu'est-ce qu'on fait pour le truc du genou ?

— Tu prends un petit sac. On t'en donnera un ; cela ne court pas les marabouts, mais nous avons nos placards.

Tu remplis le sac avec du sable, et les nuits, quand dorment les chevaux de luxe (les officiers) tu frappes sur ton genou à petits coups de sac, pendant des heures. Si tu es bien constitué, ce sera un peu long ; si ta mère t'a raté, tu es bon dans les cinq jours.

Pour la conjonctivite, il faut des hommes qui ne soient pas des femmes. Ce n'est rien à faire, mais il importe de ne pas gémir comme une demoiselle pendant l'opération. Il suffit de se procurer du tabac à priser et de le priser par les yeux. Si l'on est pressé et que le tabac manque, du jus de citron, du poivre, de la moutarde, de l'eau de savon, des cendres chaudes de cigarettes, ne font pas mal non plus.

Les amateurs d'hémoptysie ont l'embarras du choix. En somme, il faut prouver que l'on crache le sang et c'est tout ; quand les pachas des hôpitaux vérifieront « l'intérieur » cela fera toujours deux semaines passées à l'ombre ; le temps d'y aller et le temps de déplanquer (d'en sortir). On peut se couper les gencives. Si l'on se procure du sang, c'est encore mieux. Quand l'homme s'arrête à cette décision, les chiens sans famille seront justement inspirés s'ils passent très loin de lui. Autrement le chien est tué, saigné et la précieuse liqueur recueillie. Même caillé, on peut encore se servir de ce sang plusieurs jours après, pour peu que l'on ait de l'expérience. Ce qui vaut mieux que tout est une sangsue. Les eaux croupissantes sont moins rares que les quarts de vin. On pêche la sangsue, en douce. On la met rapidement dans sa bouche. La sangsue est contente. Elle fait du bon travail. La langue la maintient contre le palais, comme de juste, car il ne s'agit pas d'avaler l'animal. On crache ensuite tout le sang nécessaire.

Maintenant, si vous croyez que les lauriers sont simplement sur terre pour permettre de tresser des couronnes aux grands hommes ou d'assaisonner le civet de lapin, il faudra compléter votre éducation. Quelques feuilles de laurier, surtout quand le laurier est rose, vous font une excellente tisane qui, en cinq sec, donne la jaunisse. Il convient toutefois de savoir doser la potion. Une dizaine de feuilles en trop vous mènerait droit à la colique de *miserere*.

Cette jaunisse-là est la plus recommandée. Se passer le corps à l'acide picrique, demande, pour un travail soigné, une sûreté de main qui n'est pas donnée au premier apothicaire venu. On ne doit employer ce procédé que faute de laurier.

L'érysipèle n'est pas à dédaigner. C'est une maladie qui se voit du premier coup d'œil. Elle certifie que vous êtes incontestablement porteur d'un microbe. Or, les porteurs de microbes, si minuscules que soient ces microbes, ne doivent point vivre en société. L'éloignement s'impose. On se frotte résolument la peau avec des feuilles de thapsia. Quand on est fatigué, on s'arrête, on reprend du souffle et l'on frotte de plus belle. Et votre peau devient comme celle d'un crapaud quand le crapaud est pustuleux. Les cloques fleurissent sur vos derme et épiderme que c'en est un vrai bonheur. C'est à ce moment qu'il faut avoir sous la main ce qui à d'autres sert à confectionner l'aïoli, mais ce qui, ici, parachèvera l'érysipèle. Nous voulons parler d'ail pilé. L'ail provoquera autour des cloques l'indispensable et bienfaisante rougeur. Enlevez ! L'érysipèle de ce monsieur est servi !

Les ulcères ne sont pas mauvais non plus. C'est d'ailleurs plus facile à entretenir en bonne santé que nombre d'autres maladies. On ne sait jamais jusqu'où vous mènera un bon ulcère. Cela, avec de la chance, peut vous conduire jusqu'à l'amputation ! Il suffit pour prendre son numéro à cette loterie, de posséder une étoffe de laine et de travailler dans un four à chaux. On se frotte vigoureusement la peau avec l'étoffe, on saupoudre ensuite avec le produit du four ; le reste n'est rien à faire. On a toujours à sa portée du sable chaud, des cendres, de l'eau de savon, du sel ou l'un de ces produits que, dans les villes bien administrées, on expédie d'autorité au tout-à-l'égout.

Savez-vous pourquoi l'homme inventa l'aiguille et fabriqua le fil ? Pour se donner des phlegmons. On passe le fil entre deux de ses dents. Ce n'est pas pour le laminer, c'est pour le mettre au contact du tartre. Cela fait, on vise bien le trou de l'aiguille et comme s'il s'agissait d'ourler un drap (si toutefois on les ourle encore), on coud à même sa peau. Le fil dépose gentiment ses microbes et ressort pasteurisé. Le phlegmon est en puissance, il naît il se développe, il prospère ! C'est suffisant pour faire d'un pauvre homme, le titulaire réjoui d'un lit d'hôpital.

Une fois de plus, je vais aujourd'hui, m'adresser aux dames. Le kôhl, mesdames, n'est pas du tout destiné à vous faire des yeux brillants comme des étoiles et profonds comme des tombeaux. Quand, du bout de l'un de vos petits doigts roses, vous engluez la poudre pour vous en frotter ensuite les paupières, vous méconnaissez totalement l'usage de cette diabolique substance.

Le kôhl, d'abord, ne s'emploie pas seul. Il faut, auparavant, se procurer un ruban afin de vous serrer le cou jusqu'à extinction du souffle. Ce résultat obtenu, alors que déjà vous battez l'air de vos jolis bras, vous saisissez le kôhl que vous avez eu soin de délayer dans de l'eau, et vous en barbouillez furieusement votre printanière figure. Là-dessus, vous tombez sur le plancher. Votre mari entre et s'écrie : « Marie ! Madame est asphyxiée ! »

On ne peut simuler meilleure asphyxie. Ce sont les pègres qui vous envoient cette recette.

Quant au goitre... Qui n'a pas son goitre ? On se fait au cou un trou invisible. On prend un chalumeau, on l'ajuste méticuleusement à l'orifice. On siffle le premier copain qui passe : « Souffle-moi un bon coup là-dedans », lui dit-on.

Et le goitre s'épanouit.

On se fait également souffler ailleurs. Cela, c'est pour la péritonite.

Nous passerons sur les fièvres, sur le diabète, sur les varices, sur l'entérite, sur les calculs de la vessie, très familiers à des casseurs de cailloux, sur les abcès, sur l'urticaire, sur la surdité, sur la sciatique, sur l'hématurie, sur le torticolis, sur la diarrhée, sur l'eczéma et sur le scorbut, mais nous dirons un mot de la mélancolie.

Pour être mélancolique, il faut montrer une figure triste. Si l'on a naturellement des couleurs, on doit commencer avant tout par les chasser. Il convient donc d'observer des jeûnes.

Quand on est face à sa gamelle, il ne faut pas sauter dessus en affamé, il faut se mirer, dédaigneusement dans sa soupe ainsi que dans un miroir terni. Si l'officier passe et demande : « Pourquoi ne mangez-vous pas ? » se garder comme de la peste de répondre : « Je suis malade. » Si l'officier fait lui-même : « Vous êtes malade ? » repartir, sans se presser, tout en levant sur lui des yeux absents : « Oh ! non ! » Ne parler à personne. Quand on vous parle, ne pas dire : « Tu m'embêtes ! » Ne rien dire du tout, ne pas répondre. Maigrir, cela est primordial. Se traîner, même quand on est assis. Être toujours présent au travail, chaque jour, avec une bonne volonté accrue, chaque jour avec des forces qui vous quittent. Si le hasard miraculeux veut qu'un sergent vous dise : « Laisse ça, va à l'infirmerie » répondre : « Mais non, sergent, je peux encore piocher » et continuer de piocher. Enfin, le jour où le médecin dit : « On pourrait peut-être le proposer pour un retour en

France », rester complètement indifférent. Le résultat que l'on attend de la nostalgie aiguë est à tous ces prix-là.

Mais quand on a choisi la folie... Les acrobates de cinéma risquent moins souvent leur vie que les volontaires de la folie. Si la route côtoie un ravin profond, marcher droit dans le vide et savoir tomber tout au fond du ravin. Si c'est un lac que l'on rencontre, se précipiter à l'eau et n'en sortir que tiré par les camarades, en se débattant comme un furieux. Ne jamais parler, jamais ! On n'ouvrira la bouche que pour prononcer des mots incompréhensibles ; tels, par exemple, que : « Ah ! Kastar Vouroustanda ». Ne pas s'intéresser à ce que l'on raconte. Si quelqu'un dit devant vous : « Demain, on va le soumettre à un nouveau traitement électrique. C'est radical, mais dame ce n'est pas rigolo. Il souffrira. Il fera des bonds de trois mètres sur la table, etc... », se laisser, le lendemain, conduire à l'hôpital comme si l'on n'avait rien entendu.

L'hiver, quand les nuits sont froides, se déshabiller sans motif, et rester nu à grelotter. Mais si l'on vous rapporte vos vêtements ; les revêtir tout naturellement et avec un sourire de satisfaction. Si l'on vous dit : « Où souffres-tu ? » rire comme un bon enfant. Se maintenir cependant dans la folie que l'on a adoptée. J'en ai vu deux qui lorsqu'ils reçoivent leur gamelle, en renversent le contenu et lapent leur soupe, sur le sol, comme des chiens. Le reste du temps, ils sont couchés sous le bat-flanc. Quand on les secoue, ils font le mort. Cela dure depuis dix mois. Des spécialistes affirment qu'ils ne sont pas fous. Mais les officiers, l'adjudant même, commencent à croire qu'ils le sont. Peut-être le sont-ils devenus ?

10.
Pour racheter son passé

— Avez-vous ici Roger, le 11407 ?

Il était là, au camp des puces de Tafré-Nidj.

Les puces ! Elles ne sont pas au livre 57 ! Ce qui prouve que la question est simple : être ou ne pas être un malheureux. Les chaouchs d'un côté, la nature, de l'autre, guettent celui que la justice distingue et tous deux se hâtent d'exercer sur ce corps de diaboliques fantaisies.

Les puces vivaient en bataillons serrés sous les marabouts. Vous déplaciez les tentes ? Les puces suivaient. Vous désinfectiez ? Elles quittaient le marabout, attendaient la fin de l'opération, reprenaient des forces au soleil, et, le soir, rentraient se coucher avec les hommes.

Sur la route, ces jeunes garçons tourmentés me montraient leur poitrine. On eût dit que, millimètre par millimètre, leur peau venait de passer à la machine à coudre.

— Les puces et le froid, c'est ce qui nous tue.

— On a froid la nuit, à en pleurer.

Roger, 11407, s'approcha et dit : « C'est moi. »

Sur le bateau, un compagnon de route m'avait prié de rechercher ce numéro parmi la tourbe.

— Dites, fis-je au sergent, nous allons nous asseoir tous les deux, Roger et moi, sur ce rocher-là, vous permettez ?

Depuis une semaine, cela n'allait pas trop mal pour mon compte, dans tous ces camps. Les hommes ne me regardaient plus avec ironie ; ils me considéraient comme une vague corde qui leur était enfin lancée au fond de leur trou. Quant aux sergents, n'y comprenant plus rien, ils s'en étaient remis au destin.

— J'ai vu votre cousin.

— Il a osé vous parler de moi ?

— Quel âge avez-vous ?

— Vingt-trois ans.

— Vous vous êtes encore enfoncé ici ?

— Ah ! Nous y sommes tous jusqu'au cou. Et pourtant, je ne suis pas méchant, je ne suis pas mauvais. Je n'y comprends rien.

— Vous n'êtes pas un délinquant militaire ?

— Je suis les deux ! Je suis un pègre. On me le dit toute la journée. Je ne risque pas de l'oublier.

— Vous voudriez l'oublier ?

— Si c'était possible, pourquoi pas ?

— Vous aviez plusieurs condamnations ?

— Plusieurs. C'est ma faute, mais c'est aussi celle de la guerre. Mon père était, comme les autres à combattre les barbares. J'étais faible de caractère, j'avais quatorze ans et Paris me semblait trop beau. Ma pauvre mère avait la tête tournée à cause de mon père. Attiré par la beauté d'une femme de mœurs légères, je suis tombé. Elle m'a fait prendre part à un vol sans me prévenir. Autrement je n'aurais jamais consenti. Il n'y a pas de voleurs dans ma famille. Elle m'a emmené dans la cuisine d'un appartement, a pris un gros paquet tout préparé, puis : « Porte ça », qu'elle m'a dit. J'ignorais tout. J'ai été condamné par la douzième chambre à quatre mois avec sursis. J'aimais toujours la gosse. Elle me disait : « C'est un chemin comme un autre. Il faut bien que tu vives. Et, puisque c'est moi qui te le demande. » Elle m'a conduit au vol une seconde fois. C'est à elle que je dois toutes mes misères.

Et, comme une révélation qu'il n'arrivait pas à comprendre, il ajouta :

— C'est pour l'amour d'une femme qui, par la suite, me devint complètement indifférente !

« C'est alors que j'allai à la Petite Roquette. Là, au lieu de m'enseigner le bien, on me laissa nager dans le mal. Quand je suis entré à la Petite Roquette, j'avais beaucoup d'espoir. Je m'imaginais y subir une punition méritée, mais en sortir bon garçon. Le contraire arriva. Je ne vis même jamais un prêtre qui nous aurait dit les choses à faire. Je me trouvais subitement au milieu d'une corporation de mauvais sujets. J'entendais toute la journée : « Ce n'est pas avec son travail qu'on se paie des souliers vernis. » C'était une école où l'on vous faisait étudier avant de vous lancer sur la route du crime. En sortant de la Petite Roquette, je me remis au vol, pour les caprices d'une nouvelle drôlesse ! »

Subitement, il sentit la honte. (C'était un jeune). Il s'arrêta de parler et, d'une langue hésitante :

— Mon cousin ne vous avait pas raconté tout ?

Une petite chouette s'abattit sur un piquet et, tournée de notre côté, nous regarda sans nous voir, et demeura là, immobile, telle une lampe.

— J'ai fait un an à Fresnes. Cela m'a mis du plomb dans la tête. La peine cellulaire ne m'avait pas rendu gras ; à la fin de l'année, je ne pesais pas plus qu'une coquille de noix. C'est alors que je revins chez mes parents, complètement transformé, sérieux, travailleur et pris en considération par tous ceux qui ne m'avaient pas connu auparavant. Le luxe ne m'attirait plus, ni l'aventure qui m'avait si bien grisé. C'était fini. Mon père, ma mère étaient sûrs de moi.

Le service militaire arrive. Pas moyen d'échapper au bataillon d'Afrique. Ma famille n'avait pas de grandes relations ! Je me fis une raison, pensant que les bataillons étaient quelque chose de très dangereux, mais de glorieux. Je voyais des marches en chantant pour aller à la bataille qui vous rachète et vous procure du prestige. Aussi, je partis, un peu inquiet, mais sans arrière-pensée. Au lieu de cela, j'ai trouvé tout de suite des méchancetés. Je tombais de bien haut ! Ce n'est pas seulement ce qui m'arrivait, mais ce que l'on faisait aux autres, autour de moi. J'ai d'abord eu quatre jours pour avoir ri sur les rangs. Puis huit pour avoir perdu mon paquet de pansement. Mon premier soixante (soixante jours de prison) je l'eus pour un « non malade ». J'étais malade. Je fus considéré comme un mauvais, j'étais perdu. Quand les sergents ont dans leur tête que vous êtes un mauvais, adieu votre mère !

Aux bataillons d'Afrique, après dix mois de présence, un chasseur qui s'est bien conduit, peut demander soit à passer dans un régiment régulier — aux zouaves — soit à rester aux bataillons, dans le cadre volontaire.

— Et ceux qui finissent aux zouaves, dis-je à mon compagnon de rocher, et ceux du cadre volontaire, ils s'en tirent ?

Roger 11.407 sentit ses pensées se heurter dans son cerveau, comme deux trains qui se rencontrent. Il voulut s'exprimer, sa parole s'avoua confuse. Il fit deux gestes qui visiblement signifiaient : « Cela ne prouve rien. » Puis enfin il se résuma et dit :

— Il faut y être passé.

— Pourquoi, vous, ne vous en êtes-vous pas tiré ?

— Il y a deux routes. C'est le hasard. Des crapules vont aux zouaves, et des « pas mauvais » s'enfoncent.

Et ce garçon de vingt-trois ans, inspiré par l'expérience, dit enfin le mot :

— C'est à tous que les chefs devraient vouloir du bien.

— Après, vous êtes tombé à la section spéciale ?

— À la *camise,* oui. Même traitement qu'aux travaux. Il y a des sections de camise plus dures que le pénitencier ; d'autres fois, c'est le contraire. Ah ! Quoi ! Nous ne sommes pas heureux, nous sommes tous perdus !

— C'est que vous êtes les mauvais.

— C'est mon passé qui vous fait dire ça ? Le passé ne compte pas là-dedans. Je ne me suis enfoncé que par des fautes militaires qui ne touchent pas à l'honneur. À ce compte, Vigier — il me montre un détenu qui piochait sur la route — serait plus mauvais que moi puisque lui a dix ans et que je n'en ai que deux. Vigier n'était même pas un joyeux, il n'avait rien en entrant au régiment, rien. C'est un sergent qui lui en a fait prendre d'abord pour deux ans. Une fois là, deux autres sergents l'ont mené jusqu'à dix.

« Deux ans, cinq ans, cela tombe des conseils de guerre aussi facilement qu'un coup de pied dans le derrière d'un chien muselé. D'ailleurs, les conseils de guerre n'ont pas des idées très arrêtées sur la répression des délits militaires. Pour la même faute, dans un cas identique, un conseil donnera un an, l'autre deux ans, un troisième cinq ans. C'est au petit bonheur. On dirait qu'ils distribuent des prospectus.

— Je vais vous faire comprendre. On ne me « cherche » pas en ce moment ; admettez que mon ennemi, le sergent de la section spéciale, soit détaché au pénitencier : je ne changerais pas, je serais toujours le même et pourtant je redeviendrais aussitôt un mauvais. Son premier mot ? : « Te voilà, salopard, tu croyais que j'étais crevé ? Pas encore, ordure, pas avant de t'avoir fait prendre cinq ans de plus ! »

« Savez-vous comment j'ai débuté à la section spéciale du 2e bataillon d'Afrique ? On fait partie de la « caïda ». Voilà ce que c'est. Chaque homme a sur le dos une énorme pierre ou un sac de sable. Un sergent plein de méchanceté vous fait courir des heures entières, à la cadence de cent quarante pas à la minute, monter, descendre, vous coucher, vous relever. Le sergent guette et, dès que vous tombez, il fonce sur vous et dit : « Marche ou refuse. » C'est là qu'il nous attend pour nous envoyer au conseil. Si l'on refuse, c'est deux ans, ou cinq ans, selon. Comment voulez-vous que nous rachetions notre passé ?

Le pauvre gars fut soudain tout désemparé.

— Vous voyez celui qui a des lunettes et casse des pierres, là-bas, à côté du Sénégalais. C'est Nison. Nison, au cours d'une « caïda », a dit au sergent : « Vous n'avez donc pas de mère ? » et le sergent lui a répondu : « Ma mère, je ne l'ai plus, je l'ai coupée en morceaux, je n'ai plus que les vôtres à faire pleurer. »

Roger se gratta. Les puces le dévoraient.

— J'étais par terre, moi aussi, une fois. Le sergent appela le factionnaire et lui dit : « Toi, goubi, y a faire marcher lui ! » Comme le tirailleur ne bougeait pas, il lui dit : « Si lui pas marcher, toi huit jours. » Alors, comme je n'ai pu me relever, le goubi, à coups de crosse, m'a fait marcher à quatre pattes.

Et Quéru ?

— Oui, j'ai entendu parler de cette affaire Quéru.

— Quéru arriva aux Aït Ischag, avec la S. S. (section spéciale). Le troisième jour, il tomba malade. C'était un petit maigre comme moi. Le sergent D... le fit traîner de force sur le chantier. Quéru damait. Il s'affaisse le long de sa dame ; le sergent D... lui donne l'ordre de se relever. Quéru essaye et ne peut pas. Le sergent le fait frapper par les Sénégalais. Quéru reste par terre. Le sergent lui passe une ceinture autour du cou et attache Quéru à la queue d'un mulet. Le mulet traîne mon camarade. Mais l'attelage se démolit, et le mulet part tout seul. Alors le sergent ordonne à deux disciplinaires, dont le détenu Daudet, de frapper Quéru, et de le ramener au camp.

Le soir, le sergent D... pénètre sous le marabout et dit à Quéru : « Lève-toi ! » Quéru ne bouge pas. Le sergent lui envoie un coup de pied dans le ventre.

Quéru ne bouge pas.

— Salopard, crie le sergent, vas-tu te lever ?

Mais le sergent se penche et voit que Quéru était mort.

11407 se leva :

— Vous pleurez ?

— C'était mon ami, dit-il.

11.
Un monstre

Il était court, genre nabot.

Le conseil de révision qui déclara « Bon pour le service » un phénomène de cet acabit était, sans nul doute, ivre mort, ce matin-là.

L'homme, par surcroît, portait le nom de Faugibier. Puni, il occupait un marabout qui se dressait solitaire, au milieu d'un carré ceint d'épines.

Au bruit de mes pas, le nabot releva sa tête à cervelle de lapin.

— C'est vous Faugibier ?

— Oui, monsieur le civil.

Faugibier fait partie de ces monstres qui composent le fond des bagnes. Ce n'est pas une forte tête, c'est un idiot malsain. Il ne complote pas ses mauvais coups, mais ce qu'il pense est mauvais et il exécute les choses qu'il pense, tout simplement. Si le serpent rampe, c'est qu'il n'a pas de pattes, si Faugibier trébuche c'est qu'il n'a pas la moindre lumière dans l'esprit.

J'avais rencontré sa dernière victime sur un chantier de la route, un jeune homme de vingt-deux ans, *propre* jusqu'ici.

— Ah ! Ce fut rapide ! me dit-il.

Faugibier se glissa un soir sous mon marabout, me mit une main sur la nuque, la pointe de son couteau sur le ventre et me dit : *t'es bath* !

Je voulus me dégager.

— Si tu bouges, j'appuie.

Et il ajouta :

— Tu seras mon septième mort

Faugibier avait tout d'une gargouille de cathédrale.

Il me regardait avec des yeux de vautour.

— Alors, lui dis-je, ce n'est pas assez des sergents, il faut que vous, un détenu, vous martyrisiez vos camarades.

— Monsieur le civil, répond la gargouille, je vous le jure sur les vieux cheveux blancs de mes parents, je ne lui ai pas fait mal, à ce petit !

12.
Les joyeux au pays des tentes noires

Il faisait froid, et c'était déjà la nuit.

À neuf heures du soir, un chrétien qui tient à ses oreilles, ne doit pas se promener sur les pentes du Moyen-Atlas. Quand on va à Kenifra, il faut être rendu à Kenifra au coucher du soleil, ce qui voulait dire à cette époque au dernier coup tapant de la sixième heure.

À Kenifra, sept heures sonnèrent. Le commandant du Cercle interrogea l'horizon. Il ne me vit pas à l'horizon.

L'horloge marqua huit heures ; le commandant du Cercle dit : « Un civil sera toujours un civil, il ne pourra jamais, le matin, sortir de son lit ». Puis, ce fut la demie de huit heures. Le commandant du Cercle ouvrit la porte de son bureau, fit un pas en avant, observa le vaste espace : rien. Le commandant fit seller dix chevaux de Zaïans. Les manteaux bleus vinrent à ses ordres. Mais le commandant dit : Attendons encore un peu. Neuf heures ! Allez ! lança-t-il aux cavaliers, allez voir ce que devient ce cochon de civil annoncé. Les manteaux bleus fendirent la bise.

Dans le cas, l'émoi était injustifié. Les Chleuhs ne s'étaient pas rués sur moi. Je n'avais pas été emmené en otage dans la montagne et, bonheur sensible, je possédais toujours mes deux oreilles.

Il est des jours fastes et des jours néfastes, c'est tout. Si le jour est faste, vous pouvez entreprendre le voyage de la terre à la planète Mars, s'il est néfaste, le mieux est de ronfler sous vos couvertures. Il n'est, pour être fixé, que de consulter chaque matin son devin. Le malheur avait voulu que ce jour-là le mien fût justement de sortie.

Je gonflais un pneu quand j'entendis le bruit du galop. Le chauffeur, qui parlait peu mais bien, dit : « C'est les Chleuhs ! — Pas de blague ! » fis-je et je restai la pompe à la main. Le chauffeur dit : « J'éteins les phares. » Il éteignit les phares. Le galop se précipitait. À ce train, les chevaux allaient fatalement se rompre les jambes contre la voiture. « Ce sera toujours autant », pensai-je. Mais ces cavaliers étaient aussi des chats. Ils voyaient clair la nuit. L'obstacle ne les surprit pas.

Entre un Chleuh dissident et un Chleuh partisan, pour les gens de mon espèce, qui ignoraient la signification du manteau bleu, il n'existe pas plus de différence qu'entre un serin jaune et un canari ; cela seul explique le frisson passager qui vint un moment ternir le miroir tranquille de nos cœurs. Les dix berbères, fusil en bataille, mirent le siège devant la voiture. J'avais toujours ma pompe à la main.

Ils sourirent, firent des grâces et tant de gestes de bienvenue qu'il eût fallu posséder un détestable caractère pour persister à voir en eux de simples bandits ou de grands patriotes révoltés ce qui, pour nous, n'aurait fait qu'un, en l'occurence.

— Ils ont l'air de copains, dit le chauffeur.

Et il ralluma les phares.

Nous étions à huit kilomètres de notre but. Quand la voiture fut prête, les Manteaux bleus l'entourèrent. Le cortège s'ébranla. Et je fis dans Kenifra, capitale des Zaïans, une entrée si sensationnelle, qu'un moment la tête me tourna. Je crus être, par Allah ! Le Sultan Moulaï-Youssef.

À Kenifra campe le deuxième bataillon de Chasseurs d'Afrique. Nous sommes chez les joyeux.

Les bataillons d'Afrique ne sont pas Biribi. Ce sont des corps réguliers. On y envoie les jeunes gens qui, au moment de l'incorporation de leur classe sont titulaires d'une ou de plusieurs condamnations de droit commun. Ils sont dirigés sur les bataillons d'Afrique, non pour y subir une peine, mais pour y accomplir leur service militaire. Officiellement, ce sont des chasseurs. Pour tout le monde, ce sont les « joyeux ».

La discipline est dure aux Bat' d'Af'.

Il ne faut pas broncher. Beaucoup bronchent. Les réfractaires passent alors à la SS (section spéciale).

La vie est encore moins tendre à la SS qu'au bataillon. Ils bronchent de plus belle. C'est le conseil de guerre. C'est Biribi.

Kenifra est la capitale du pays Zaïan, pays des Ksars rouges et des tentes noires. On dirait Tolède en miniature, mais la miniature est farouche.

L'aigle de cette aire s'appelait Moha-Ou-Hammoun. Il est mort. C'était, par d'autres côtés, un bien curieux citoyen.

La tour carrée de son Ksar (château) était son séjour favori, et, dans cette tour il fréquentait de préférence une fenêtre donnant sur le pont voûté de l'Oum-er-Rébia. Sur ce pont, certains jours d'ennui et de vague à l'âme, il postait deux de ses féaux. Il en postait un troisième en aval du torrent. Et Moha-Ou-Hammoum, derrière son rideau, attendait.

Alors, passait une jeune Berbère dont la silhouette ne manquait pas de chien. Moha-Ou-Hammoun faisait un signe. Les deux féaux empoignaient la colombe et la jetaient, avec précaution dans l'Oum-er-Rébia. La colombe entonnait un tragique roucoulement. Vingt mètres plus loin, le troisième féal repêchait le bel oiseau. Le Pacha paraissait à sa fenêtre, ordonnait, au nom de la justice qu'on lui amenât la victime, et, comme la victime grelottait, il la réchauffait sur son vieux sein volcanique.

Ce dimanche soir, les joyeux traînaient leurs pauvres guêtres dans le repaire de Moha-Ou-Hammoun.

Il faisait déjà noir.

Où iraient-ils ? Au Café de France ? À l'Épicerie Moderne ? Au Café-Hôtel ? Où à la Taverne Arabe ? Ces magnifiques établissements de planches et de luxe tenaient les quatre coins de la place européenne. Les gars étaient longs à se décider. On aurait pu croire qu'ils avaient à choisir entre Neuilly et Vincennes.

Au Café-Hôtel, il y avait bal musette.

Je vins contre le carreau. Cinq joyeux avaient fait comme moi et regardaient la fête du dehors. Une femme jeune, une femme de France, en corsage rouge dansait.

— D'où que ça peut bien sortir, ce numéro-là ? disaient les gars.

— On va boire un coup ? Demandais-je à mes compagnons du carreau.

— Qu'est-ce que vous êtes ? Vous êtes Grec ?

— De temps en temps, fis-je.

Mais on finit par s'entendre.

On entra chez la femme rouge.

L'accordéon jouait la *Valse Bleue.*

— C'est dur, aux Bat' d'Af' ?

— C'est pas tendre, mais le tout, c'est de saisir. Ainsi, moi, si mon sergent entrait et me disait : « Buron, va me cueillir des petits pois sur la table à côté », je répondrais : « Bien sergent ». Et tout irait bien. Tandis que si je répondais : « Mais sergent, il n'y a pas de petits pois sur la table à côté », tout irait mal. Vous avez compris ?

— Mais d'où qu'elle peut sortir, cette poule en rouge ? disait mon voisin.

— Si c'est un truc du Grec pour attirer la clientèle, ça va, mais si la môme est venue pour l'un de chez nous, tant pis pour le copain, y finira aux *durs* avant huit jours.

Je m'en allai. Plusieurs escouades de joyeux, derrière les carreaux, regardaient valser la femme rouge.

On entendait :

— Qu'est-ce que cette môme peut bien faire dans ce désert ?

13.
Les vingt-huit bouches closes sur l'Atlas

Les seules troupes blanches qui, au Maroc, vont au baroud (à la bataille), sont les joyeux et la Légion étrangère. Quand l'hiver met un terme aux combats, il ne s'agit pas de remonter le sac, de tourner le dos et de descendre dans la plaine faire le lézard au soleil. Il faut garder le terrain conquis, d'où, le printemps revenu, on partira pour un nouveau saut chez les Berbères.

Tout ce que j'essaye de vous expliquer là tient d'ailleurs beaucoup mieux en une phrase connue : « On réduit la tache de Taza. » Une tache est toujours une mauvaise affaire. On croit l'avoir effacée, elle reparaît ! Il convient de ne pas la quitter de l'œil. C'est pourquoi, en plein massif de l'Atlas, de distance en distance, veillent par petits groupes les chasseurs des bataillons d'infanterie légère d'Afrique : nos joyeux.

Nous avions laissé Kenifra derrière nous. Bientôt murailles et ksar ne furent plus rien du tout. On ne voyait que la table des Zaïans, cette montagne si longue et si plate qu'on y pourrait en effet servir à dîner à tous les peuples réunis du moyen et du grand Atlas, ainsi que de maints autres lieux. Au premier oued nous savions comment nous comporter. On nous avait dit : « Ne passez pas sur le radier qui ne tient plus, entrez dans l'eau, à votre gauche. » Cet oued s'appelait le Skouka. Je ne sais pas quel souvenir en a conservé la voiture, pour mon compte, j'ai gardé à l'oued un chien de ma chienne. Le Srou était le deuxième oued. Il importait de le franchir à la droite d'un bâton, élevé dans ce torrent à la dignité de poteau indicateur. Mais le bâton avait planté là sa dignité et depuis longtemps, ivre de fantaisie, voguait au fil de l'eau… La perplexité n'étant pas une solution, on franchit tout de même le Srou.

Ensuite, ce fut un très beau chaos. Il faisait sec et froid et les boues durcies de la piste montante étaient si coriaces sous les roues que le chauffeur en avait mal au ventre. Si, devant, le chauffeur souffrait, imaginez ce que, dans le fond, prenait le pèlerin. C'était un bien joli pays.

Nous allions à Tasfilalet.

Tasfilalet n'est pas une ville, ce n'est pas un village. Ce n'est rien du tout, c'est Tasfilalet. C'est un bordj qu'un jour les joyeux firent de leurs mains, comme on plante un drapeau dans les glaces quand on a découvert le pôle Sud. À dix-neuf cents mètres dans l'Atlas, c'est le dernier poste français. Par delà, on vous coupe les oreilles. Nous montions, montions toujours.

Il y a des Esquimaux dans le Groenland, des Fuégiens à la Terre de Feu ; pourquoi n'y aurait-il pas des Berbères en Berbérie ? Aussi voici Tinterhaline.

Ce n'est pas peu de chose, plus de cent cases au moins. Elles ne sont pas en bon état, mais les Berbères n'y sont pour rien. C'est la faute « de la réduction de la tache de Taza ». Quand on frotte trop fort on fait des trous. Nous avons tout démoli, le printemps dernier, dans le feu de notre action. Mais les Zaïans en sont revenus et, en dehors des enfants qui se sont sauvés comme des perdrix parce qu'ils rêvaient d'anthropophages qui avaient justement la même tête que la mienne, la réception fut enthousiaste.

Tinterhaline ! Lors de la dernière colonne, il y eut une affaire de joyeux dans ce décor.

Ils étaient vingt-sept chasseurs du deuxième bataillon d'infanterie légère d'Afrique, tenant un poste en avant de Tinterhaline. Un matin, vingt-deux de ces garçons ramassèrent leur barda ; l'un, sur son dos, chargea la mitrailleuse et ils descendirent — *Auprès de ma blonde* — à Tinterhaline, trouver leur capitaine.

— Mon capitaine, allaient-ils lui dire, on nous rosse comme des ânes, nous venons nous plaindre du lieutenant qui laisse faire et du sergent qui opère.

C'étaient, du moins, leurs vingt-deux mêmes intentions.

En arrivant à Tinterhaline, que trouvent-ils au lieu du capitaine ? Quatre barriques de vin qui chauffaient au soleil, autrement dit, neuf cents litres de pinard en grand danger de s'aigrir. Si, trente minutes après, ils étaient ronds comme la mappemonde, tout le bataillon qui n'a pas perdu ce souvenir, vous le dira… Leur rancœur, le baroud, le capitaine, visions lointaines et fugitives ! Par le village, ils roulaient les tonneaux quand ce n'était pas eux qui roulaient dessous. Quatre barriques ! Les plaisirs du monde étaient enfin inépuisables.

Voilà-t-il pas que lieutenant et sergent, ne voyant plus leurs vingt-deux lascars, ont l'idée de courir après. Ils les trouvent, comme vous le pensez, chantant à perdre haleine et plus que jamais décidés à bien rigoler. On fait demander six goumiers. On mène les joyeux à la casbah.

Comment se pratiqua l'interrogatoire des vingt-deux mauvais garçons ayant trouvé quatre barriques de vin ? L'épilogue de ce drame noir et titubant, vous en dira tout aussi long que le récit des vingt-deux scènes. Si les hommes eurent leur compte, le lieutenant commença par soixante jours d'arrêt de rigueur pour terminer par le conseil de guerre. Tinterhaline !

C'est pourtant un bien joli nom !

Et nous montions encore. Les artichauts sauvages sont de fort gracieuses plantes lorsqu'elles n'ont pas de concurrentes. Ici, rien à craindre, le chiendent lui-même ayant depuis longtemps démissionné.

Quant aux moutons de l'Atlas, ce sont des animaux à l'esprit scientifique. Ils s'intéressent au progrès de l'automobile, ils ouvrent des yeux ronds, se calent sur leurs pattes, puis, avec une incommensurable stupéfaction, suivent d'un regard qui cherche à comprendre, le monstre en marche vers les hauteurs.

Mais voici, immobile, un cavalier bleu dressé sur l'horizon. À partir d'ici, les Moghazenis vont assurer la sécurité de la piste. De trois en trois cents mètres, ils apparaîtront, occupant les points dominants. Ce sont des Zaïans partisans. De leur regard de faucon, ils sondent le pays. Ils savent ce que signifient quelques taches jaunes à l'horizon : ce serait un *djich,* une bande de rôdeurs ou bien des Berbères, ce qui ne vaudrait pas mieux pour notre santé.

Nous montons vers Tasfilalet.

Il est midi. Partis à huit heures du matin, nous commençons à chercher le bordj. Nous ne voyons rien. Plus de moutons et plus de manteaux bleus. Tout à l'heure, nous nous sommes trouvés devant deux pistes. Au loin, dominant, un Moghazeni regardait. De ces deux pistes, l'une paraissait fréquentée, l'autre abandonnée. Nous avions cru l'indication suffisante. De plus, le guetteur nous eût avertis par un cri si nous avions pris la mauvaise. Il est cependant une heure moins le quart. Et ce n'était qu'à quarante-huit kilomètres de Kénifra ! À l'horizon, soudain, deux fantômes blancs ! Nous leur faisons de grands signes. Ils présentent immédiatement la main à plat. Cela veut dire : « Ne tirez pas, je ne tirerai pas. » En vitesse, je leur présente les deux mains, je regrette même à ce moment qu'elles ne soient pas plus larges. Je leur crie : « *Trick, Tasfilalet, meziane ?* » Je savais la phrase depuis peu de temps ; vous pensez si je m'en servais. Cela signifiait, paraît-il : « Est-ce le bon chemin pour Tasfilalet ? » Mais ce beau langage était de l'arabe, et les fantômes étaient Berbères. C'est à vous dégoûter de savoir les langues ! Il était une heure et quart. Cette fois, il n'y avait plus de doute, nous roulions en pleine dissidence. Ce crétin de dernier manteau bleu aurait tout de même pu nous prévenir !

Nous retournons la voiture. Et si vous n'avez pas vu courir un sloughi, le plus rapide des lévriers, vous n'avez aucune idée de la façon dont filait votre pèlerin. Évidemment, ce que nous n'avions pu découvrir de l'autre versant, nous l'apercevions maintenant. Et voici le bordj. D'ailleurs, on nous fait des signes comme avec un grand drapeau. La vie est belle et mes oreilles me sont chères !

Tasfilalet.

Voilà le couvent des vingt-huit joyeux. Pour de saints hommes, quel ermitage, et quel Olympe pour des Dieux ! Drôles de Dieux, et saints imprévus. Ce sont des souteneurs, des flibustiers, des cambrioleurs. Cela fait tout de même une confrérie.

Ils n'ont pas l'air content. Pour tout dire, ils font la g… Je ne leur demande pas d'éclater de rire ; ils pourraient du moins montrer leurs yeux ; ils fixent le bout de leurs brodequins. Ce ne sont pas de fiers chasseurs d'Afrique !

Ce qu'ils font ? Ils travaillent le moins possible, ensuite, chapardent avec adresse. Joyeux, fais ton fourbi.

Pas vu, pas pris.

Mais vu, rousti.

Et ils repassent le fourbi aux Moghazenis.

— Qui t'a vendu ces chaussures ?

— Un *joyou,* fait le Zaïan.

Ils vont aussi à la corvée d'eau, à la corvée de bois. On leur recommande de ne pas monter sur les mulets, lesquels portent déjà 140 kilos sur le dos. Ils n'entendent pas. On n'est pas bon pour eux, ils ne sont pas meilleurs pour les bêtes.

Ils rôdent en silence dans leur étroite casbah.

Ce sont des veilleurs. Plutôt, c'est ce qu'ils devraient être. Ils s'endorment au poste. Ils ne s'endorment pas par surprise, mais par protestation. C'est à croire qu'il leur manquerait quelque chose si, lors des rondes, ils n'étaient réveillés en sursaut par des coups de pied dans le postérieur.

Autour de ces postes, il ne se livre pas de combat. Quelques escarmouches, à distance, les nuits. Il faut prêter l'oreille ; alors, on perçoit un bruit de pas. Ce sont les Chleuhs qui viennent alentour piller une casbah de partisans ou rafler les moutons sur les pentes. Le poste tire et l'on entend une galopade qui finit par se perdre dans les monts.

Le bordj est blanchi à la chaux, mais fleuri de grandes taches rouges ; c'est le siroco qui, aux heures dures, vient plaquer contre les murs la terre qu'il fouette avec furie.

Parlons à ces chasseurs.

Ils ne me répondent pas. Il y a pourtant dans le tas cinq ou six gars de barrière qui savaient autrefois ouvrir la bouche. Alors je prie que l'on rassemble les hommes sur la plateforme du canon. C'est un point de vue qui en vaut un autre. Le Djebel Aïachi, sommet du grand Atlas, domine à droite.

Ils viennent les mains au dos, et fixent toujours leurs brodequins. Il y a un chien. C'est le seul chrétien qui dresse la tête.

À ma première question, silence complet.

Je voudrais bien les regarder un peu en face, mais ils se détournent.

À la seconde question, silence complet.

Cherchons une réponse qu'ils pourront faire sans se compromettre :

— Avez-vous des puces ?

Silence.

— Avez-vous chaud ?

Silence.

— Avez-vous froid ?

Silence.

On coud bien les lèvres à Tasfilalet !

14.
Les « caids »

— Moi ? Je n'ai rien à dire. Je ne vous connais pas et ne veux pas vous connaître.

C'était un jeune colosse que l'on imaginait tout de suite capable d'aller à un sixième étage livrer un piano sur son dos.

Il secouait la tête à la manière d'un chien qui sort de l'eau et répétait : « Rien à dire. N'vous connais pas ! M'fous de tout le monde... »

C'était mon premier « caïd ». Je l'ai rencontré là-haut, à la frontière du Rif, où l'on entend le canon. Le canon des Français ? Le canon des Espagnols ? Les deux. Le colosse comptait à la section spéciale du 1er bataillon d'Afrique, à Ouezzan.

Il avait d'abord été « joyeux », puis « pègre ». Ses deux ans de travaux publics achevés, il remonta au bataillon finir son temps. Je dis « finir » par respect de l'expression consacrée. Il était de ceux qui ne finissent pas leur temps. À sa seconde arrivée au bataillon, il ne devait plus que deux cent quatorze jours. Il y avait cinq mois de cela. Ne faites pas la soustraction, vous n'êtes pas de force. Ici, voici ce que donne l'opération : « J'avais 214 jours à faire, j'en ai fait 153, il m'en reste 696. »

— C'est de la sorte que vous recevez un civil qui vient vous voir ?

— Je n'ai personne à recevoir.

L'homme portait le joli nom de Mère.

Le « caïd » est l'homme qui impose sa loi à ses camarades. Quand le sergent se couche, le « caïd » se lève. Ainsi la peine des camarades ne chôme pas et l'unité de leur vie est assurée.

Le « caïd » n'est pas forcément un costaud. Il est des détenus costauds qui ont des « caïds » malingres. L'un règne par ses biceps, l'autre par son habileté. C'est tantôt l'impôt de la force, tantôt l'impôt de la ruse. Chacun s'y soumet. Le détenu ne résiste pas davantage à son « caïd » qu'à son sergent. L'un et l'autre forment les anneaux alternés de sa chaîne.

Quand un détenu reçoit un colis de sa famille, il le porte d'abord au « caïd ». Le « caïd » choisit et abandonne ce qui ne lui plaît pas. Dans les bataillons, lors des distributions de vin, le « caïd » place le baquet à côté de lui et sert les autres de sa main. Ce qui reste lui appartient ; il le boira ou le vendra. Le tabac de chacun est le tabac du « caïd ». En donnant du tabac au « caïd », le pégriot ne lui fait pas une grâce, il lui paie une redevance.

Il y a des « caïds » aux bataillons d'Afrique, aux sections spéciales, aux pénitenciers. Le nombre de leurs sujets est variable. Des chambrées comptent deux « caïds », d'autres quatre. Quand un « caïd » perd de son prestige, son *peuple,* petit à petit, passe sous le joug d'un plus fort.

Pour ne pas déchoir, un « caïd » ira jusqu'au crime. Autant que les plus grands, il a senti que tout n'était pas fini quand on a atteint le pouvoir, mais que le redoutable était de le conserver. Alors il s'improvise chroniqueur de sa propre vie. Il invente son histoire. Tel, qui n'aura pour blason qu'un vol sans envergure, sortira son couteau et dira : « C'est fine lame, il en est à sa cinquième boutonnière. » Il ajoutera : « La sixième est pour celui qui en doute. »

Cependant, il a su éviter l'écueil du rôle. Un « caïd » est dispensé de crâner devant les sergents. Un vrai chef ne se découvre pas. Il est admis par le troupeau que le masque est un instrument indispensable à sa mission. De son hypocrisie il fait une stratégie. La « terreur » du marabout est au garde à vous devant un galon.

Des conflits éclatent entre « caïds ». On entend : « De nous deux quel est le vrai détenu ? J'ai des antécédents, des tatouages, et encore huit ans ; toi, dans deux ans, tu seras déjà civil. »

Un homme de pénitencier est parfois envoyé dans une prison militaire. C'est pour y être mis à l'isolement. Sa peine d'isolement terminée, on l'entend dire à l'agent principal :

— J'étais « caïd », mon adjudant. Ne me renvoyez pas au même pénitencier. Si je retourne à Bossuet, j'ai une réputation à soutenir. Ma place est prise, je devrai la reconquérir. Il y va de mon honneur. Pour m'imposer, je jouerai ma tête. J'ai réfléchi dans le silence. Je veux sortir de là. Envoyez-moi à Orléansville.

On le renvoie à Bossuet.

Le « caïd » préside le tribunal secret...

C'est la nuit, dans une baraque. Depuis plusieurs jours déjà, le doute plane sur un « mouton » de la bergerie. Un homme a commis le crime de mouchardage. Les soupçons se sont resserrés, l'enquête a abouti. On tient le coupable. C'est la nuit. Les membres du tribunal, feux éteints, sont couchés. Ils ne dorment pas, ils attendent la ronde, car, tout à l'heure, quand elle sera passée, le moment viendra. La ronde tarde ce soir. Enfin la lanterne du sergent brille à hauteur des lits. Personne n'ouvre l'œil. Le sergent sort et referme la porte sur lui. Maintenant tout est noir dans la baraque.

Mais le « caïd » s'est levé. Il gagne à tâtons le fond de la chambrée. Il prête l'oreille. Silence partout. Alors le « caïd » siffle en veilleuse. Il allume une bougie ; il a même pensé au petit manchon de toile qui emprisonnera la lumière. Pieds nus, sept ou huit hommes avancent maintenant entre les deux rangées de lits.

Les voici réunis. Ils sont à genoux et en chemise. Avec leur tête rasée, on dirait des condamnés qui, bientôt auront la corde au cou. Ce sont des juges.

À voix basse, le « caïd » demande : « Nous sommes d'accord ? C'est bien Millière ? »

À voix basse, et un par un, chacun répond :

— Millière, oui. Millière, oui. Millière, oui.

Millière est couché dans la même baraque. Il dort ou ne dort pas. Cela n'a pas d'importance il ne sera pas convoqué.

Le tribunal est fixé. Il n'a plus qu'à délibérer.

Il arrive qu'un ami de Millière soit parmi les juges. À son tour de parole il tente, toujours à voix basse et en chemise,

d'exposer les circonstances atténuantes, mais si le « caïd » dit :
« Ici. c'est moi qui commande », l'ami rentre dans le rang.

Le tribunal ne se dérange que pour la peine de mort. La
sentence étant prononcée d'avance, toute délibération serait donc
inutile. S'ils délibèrent, c'est qu'ils ont toujours vu faire de la sorte.
La peine de mort est prononcée.

Les cartes désigneront l'estafier. Le « caïd » est en dehors de
la partie. L'exécution aura lieu dans la semaine qui suivra.
L'exécution a toujours lieu.

Millière, de son métier de civil, était brocanteur. Dans la
baraque, le soir du jugement, il veillait.

— J'ai quatre enfants, me dit-il…

C'est un mois plus tard que, rôdant parmi les souterrains de
la prison militaire d'Alger, je découvris Millière. En cette prison,
je vis tout ce que je voulus voir. Par une étrange confusion, dont
j'étais innocent, on m'avait pris pour un député. « Oui, monsieur le
député. Non ! Monsieur le député », etc., etc. J'eusse accepté du
même front que l'on m'appelât « Monsieur le président du
Conseil » !

— La dernière fois que je les ai embrassés, c'est à Lille. Ma
femme me les a apportés à la prison. Et je vous le dis franchement,
je voudrais bien les revoir. Maintenant c'est plus douteux. Vous
allez comprendre ma situation.

« Le lendemain du tribunal secret, le copain que j'avais dans
le jury m'avertit de la décision. Je m'en doutais. Il me désigna le
camarade qui devait m'exécuter. Je n'avais plus de temps à perdre.
Il me fallait sortir du pénitencier avant quatre jours. Alors, je suis
entré dans le baraquement, je me suis mis à poil et j'ai lacéré mes
effets. C'était l'envoi au conseil de guerre. Je m'en « mettais »
ainsi pour deux ans de plus. Cela valait mieux que la mort, n'est-
ce pas ?

« Ma combine a réussi. Le soir même je quittais le
baraquement pour le tombeau. J'étais à l'abri. Au bout de huit jours
on m'a fait prendre le train pour Alger. J'ai passé le conseil. J'ai eu
mes deux ans. Eh bien ! C'est comme si je n'avais rien fait !

Et s'adressant à l'agent principal :

— C'est bien après-demain que je dois rejoindre le pénitencier, mon adjudant ?

— Je ne puis pas vous garder.

— Eh bien ! Après-demain, je serai sûrement un assassin. Ah ! Ça oui. J'irai chercher plutôt les Guyanes. Je l'ai écrit à ma mère.

Mes ennemis m'ont prévenu quand je leur ai échappé. Le « caïd » m'a dit à la grille : « Ah ! Tu les mets, pourceau, mais tu remonteras bien au camp. Tu auras le cou coupé comme un lapin. » Je voudrais bien revoir mes quatre enfants, mais je tuerai pour ne pas être tué. Je ne suis pas fait pour mourir encore. Ce sera au plus leste. Au lieu d'Orléansville, dirigez-moi sur Douéra, mon adjudant.

— Douéra vient d'être supprimé ; tout le camp va justement à Orléansville.

— Alors, envoyez-moi à Aïn-Beïda. Je suis un bon détenu.

— Je ne peux pas.

L'homme traqué dit simplement :

— Je n'ai pas de chance !

Puis, après réflexion :

— Peut-être alors vais-je me couper deux doigts pour gagner du temps…

Mais : Trabadja la Mouquère ! Trabadja bonno !

Les baraquements, la nuit, ne voient pas que des séances de conseil secret. Il est des jours de liesse et des heures où l'on oublie la misère. Les « caïds » d'une chambrée ont fait « leur plein » de vin rouge. Ils s'amuseront ce soir.

Ils ont des bougies.

Onze heures. La ronde est passée.

— Allez ! Debout les petits amis !

Et l'on voit cinq ou six de leurs sujets qui se lèvent à l'ordre. Les autres ne comptent pas, ils peuvent regarder ou ronfler.

— Dansez !

Les esclaves dansent.

— Tout nus ! Faites les mouquères !

Ils font les mouquères.

— La danse du ventre et les mains au-dessus de la tête. Ollé !

Les « caïds » martèlent la cadence d'un mat battement de mains.

— Chantez les petits gars ! Chantez ! Ollé !

— Et maintenant, toi, viens ici.

Tra-bad-ja la mou-què-re…

15.
Vieux chevaux

— Écoutez, j'ai réfléchi. Je ne vous dirai rien.

Rondier m'avait pourtant donné rendez-vous.

— Vous repasserez dans quatre jours ? Je vais préparer mes dépositions. Il y a vingt-cinq ans que je suis là-dedans. Aucun n'en sait plus que moi. Je pourrais tenir le crachoir pendant deux mois.

Rondier avait changé d'avis.

La scène avait lieu dans un camp, au Maroc. Rondier portait la raie, se rasait tous les matins. On dira que je mens parce que les détenus ne possèdent pas de rasoir. Je répondrai que Rondier se rasait tous les matins. Il n'avait pas la livrée réglementaire, mais un chandail de laine bleue. Rondier était frais, soigné, confortable.

Il était détenu et cuisinier et n'avait rien d'un détenu et rien d'un cuisinier. Nous aurions rencontré Rondier sur la route, notre perspicacité eût été bien ennuyée. Rien d'un travailleur, rien d'un rentier. Ni paysan, ni bourgeois, ni gentilhomme. Pas davantage un militaire. Un homme tout court peut-être ? Même pas. Rondier, décidément n'était pas né sous un chou comme tout le monde.

C'était l'orchidée de l'arbre des pénitenciers.

C'était un hors la loi vivant à son aise dans le carcan des lois.

— À quoi servirait-il que je vous parle ? Raisonnons. Je suis tranquille. J'ai quarante-six ans. Je suis l'ancien du plus vieil adjudant. Les maisons marchent comme elles marchent. Il faut savoir si l'on est de la maison ou si l'on n'en est pas. Moi j'en suis. Si j'aide à la démolir elle va me tomber sur le dos. Qu'est-ce que j'y gagnerais ?

Il astiqua les ongles de sa main droite sur la paume de sa main gauche.

— Je ne vois plus cela du même œil que les jeunes. Ma vie est là. J'ai appris à manœuvrer dans un champ, ailleurs, je serais emprunté. Que voulez-vous que j'aille faire dans le civil, par exemple ? Le pénitencier et moi cela ne fait plus qu'un. Ce n'est pas à mon âge qu'on recommence une existence.

Sur la paume de sa main droite, il astiqua les ongles de sa main gauche.

— Il ne me reste plus que trois ans. À ma sortie, et, la chose est probable, si la légion ne veut pas de moi, je ne sais ce que je deviendrai. À de vieux détenus de mon espèce, on devrait réserver une situation dans les pénitenciers mêmes. Voilà ce que je puis vous dire. Pour le reste mon intérêt est de me taire.

Rondier regagna son fourneau.

Comme un peu plus tard je passais à portée de sa cuillère à pot, il me dit :

— Pas d'ambition, un peu de jugement, c'est ce qu'il faut dans notre monde.

LE GOBELIN VIVANT

Faucher Edmond était plutôt un vieux tableau qu'un vieux cheval. Quand il me fut présenté, il ne dit pas son nom, mais ceci : l'homme le plus tatoué du monde. C'est à Maison-Carrée, près d'Alger, à la prison, que je fis cette connaissance.

Faucher n'est pas un bluffeur. Il prouve ce qu'il avance. Il retire ses chaussettes, laisse choir son pantalon, enlève sa veste :

— Voilà !

— Épatant ! Fis-je, épatant !

— De la racine des cheveux à la plante des pieds.

Il leva ses pieds l'un après l'autre.

— Regardez les deux chromos des fesses !

— Épatant !

— Cherchez un coin de ma peau qui n'ait pas son paysage. Cherchez bien.

Debout sur ses doigts de pieds, les bras dressés, il tourne lentement.

— Regardez bien partout, hein ? Partout. Est-ce que je vous épate ?

— Tu m'épates !

— Le motif central (le tatouage du dos) demanda deux ans et sept mois de travail. Remarquez la chevelure de la femme.

— Elle mousse.

— Cette chevelure est mon plus beau morceau. Elle est si vivante qu'on a, paraît-il, envie de la prendre dans sa main.

Il me fit face, ferma les yeux, et dit :

— Sur les paupières ! Approchez-vous.

De tendres colombes bleues roucoulaient sur ses paupières.

La paume des mains, l'intérieur des oreilles étaient décorés. Une chasse à courre s'engageait sur sa poitrine et s'achevait sur sa cuisse droite par la curée. Duchesses, marquises, gentilshommes en costume Louis XV échangeaient des grâces autour de son nombril. Des retardataires accouraient ventre à terre de sa région fessière.

— Je ne fus complet qu'au bout de cinq ans et onze mois, exactement. Ce fut pénible et ce fut cher. Mais j'avais mon but. Je ne pensais pas à m'amuser, j'assurais mon avenir. C'était pour en faire mon métier. Bonne idée, vous savez ! J'en eus la preuve en Espagne. Eh oui ! Je m'étais évadé. À la foire de Santander, ce fut moi le clou. Une baraque, une Espagnole à la caisse pour recevoir les pesetas, moi à l'intérieur, la fortune arrivait. Vous avez bien observé qu'il n'y a rien d'indécent dans mes tableaux. C'est exprès. Tout le monde pouvait entrer, les femmes, les enfants. À la fête de Neuilly, à la foire du Trône, deux fois par an à Montmartre, c'était la vie assurée, honnête et régulière, de l'argent et de la renommée.

Mon enseigne était trouvée :

LE GOBELIN VIVANT

L'homme le plus et le mieux tatoué du monde

Edmond FAUCHER

Entrée : 0 fr. 50

Se tournant vers le directeur de la prison :

— Était-ce ou n'était-ce pas une bonne idée, Monsieur le directeur ?

Faucher, ex-détenu militaire, est à Maison-Carrée, prison civile, parce qu'il fut récemment condamné par le conseil de guerre de Constantine à vingt ans de travaux forcés.

Un bon détenu condamné aux travaux forcés peut échapper au convoi de la Guyane. On l'oublie, on le propose pour une grâce. Cela sert d'exemple aux têtes de bois. Voyez Faucher, leur dit-on, bon esprit, il travaille ferme. Il en sortira.

— Mes quatorze condamnations antérieures, Monsieur le directeur, je les accepte. Je les ai méritées. La dernière, je ne l'avale pas. Elle m'est restée dans le gosier. On n'aurait pas dû me condamner, mais me féliciter. Que fait-on à un gendarme qui abat un malfaiteur ? On le décore. Passons sur la médaille. J'ai un casier ; c'est une gratification que j'attendais. On me colle vingt ans de Guyane. Est-ce que je peux raconter la chose à M. le visiteur ?

— Au pénitencier d'Aïn-Beïda, j'étais popotier, poste de confiance s'il y en a. Mes étagères étaient garnies de vivres de réserve. On me volait. C'était tellement bien fait que moi-même qui m'y connais, j'étais roulé malgré toute ma surveillance. Je vais trouver le capitaine. « Mon capitaine, que je lui dis, on vole à mon nez et à ma barbe mes vivres de réserve, et cela depuis trois mois. — Arrangez-vous. Vous êtes popotier, vous serez responsable. » C'est ce qu'il me dit. Je compte mes boîtes, je surveille. On me volait de *pluss* en *pluss*. « Ah ! les salauds, que je me dis, ils ne se payeront pas plus longtemps la gueule à Faucher. » Tout ce que je vous dis, M. Morinaud, député de Constantine, mon éminent avocat, peut vous le confirmer. Il a même ma photographie en peau tatouée. Il vous la donnera si vous allez le trouver de ma part à la Chambre des députés, à Paris. Je dégote un fusil de Sénégalais et je m'embusque toute une nuit. Remarquez que c'était en dehors de mon travail et pour sauvegarder les vivres du gouvernement. Mais je ne vis pas les saligauds qui, eux, pionçaient un bon coup, tandis que moi je faisais le ballot. Le matin, je compte mes boîtes il me manquait encore deux boîtes. Je m'embusque la nuit suivante. Ça faisait deux nuits, observez bien, que je consacrais gratuitement à la défense des biens de l'État. Et, cette fois, je vois le salopard qui s'insinue dans ma cantine. Je l'ai tiré comme un lapin. Je l'ai tué. Voilà comment on m'a mis vingt ans de Guyane. Je vous le demande pour la justice de Dieu et des hommes, et pour l'humanité, est-ce une condamnation qui est juste ou qui ne l'est pas ?

— Mais rhabillez-vous, Faucher, fit le directeur.

— Moi, dit Faucher en riant, quand je suis tout nu, je suis encore bien habillé.

MONSIEUR LE CURÉ

Ces jours derniers, un prêtre passa par les rues d'Orléansville. Il était ganté, portait barbe noire, souliers à boucle et soutane rapée. Une sacoche pendait à son épaule. Arrivé devant l'Hôtel des Voyageurs, il prit une calèche de place et dit au Bicot : « À la gare, mon ami. »

Pendant le trajet, on le salua deux fois ; il répondit.

Le train venant d'Oran étant en retard, le saint homme sortit son livre pieux et, sur le quai, lut son bréviaire. Six heures après, au coucher du soleil de janvier, le prêtre arrivait à Alger. Là, pendant toute une nuit, on perd sa trace.

Au matin, le vicaire-ganté, pénètre le premier dans les bureaux de la compagnie de navigation. Comme il convient à un saint homme, il demande un billet de troisième classe. Il gagne le port, le bateau, le large...

Le lendemain, le capitaine commandant le pénitencier d'Orléansville faisait savoir à la sûreté de tous les ports que le détenu Gerber s'était évadé. Son signalement : deux doigts coupés à la main droite. Ensemble de la personne : arrogant et voyou. Parle allemand, italien, espagnol et français.

Dix jours s'écoulèrent.

Et cet après-midi, en ouvrant son courrier, le capitaine trouva cette lettre :

« Au nom du Père, du Fils, du Saint-Esprit, ainsi soit-il. Mon très cher frère, j'ai mis les bouts de bois... »

Le capitaine regarda l'enveloppe, elle était timbrée de Hanovre, Allemagne.

« ...Sur le bateau, il a bien failli m'arriver malheur. Je n'avais pas réfléchi que je partais un samedi et que le lendemain était un dimanche. Et l'on est venu chercher ta vieille connaissance pour dire la messe ; mon très cher frère, tu vois ça de là... Si tu veux savoir où je me suis habillé, va chez les mouquères, mon très cher frère... »

— Gerber ! s'exclame le capitaine. Ah ! Le pègre.

« ...La soutane ne valait pas grand'chose, le chapeau était un vieux bugne, mais le missel n'était pas trop moche. Je l'ai vendu un demi-cigue à Liège. Reçois mes bénédictions. Tu as dû prévenir les polices que je parlais français, italien, allemand et espagnol ; tu as oublié que je parlais latin. *Amen...* »

Le soir de la réception de cette lettre, un homme s'écria : « Enfin, je sais où sont mon vieux chapeau, ma vieille soutane et mes vieux souliers ! »

C'était le vrai curé d'Orléansville.

Albert Londres

16.
L'arrestation de l'homme dit Karl Heile, dit Léon Charles, dit...

— Voulez-vous voir quelque chose d'intéressant ?

J'étais dans la cage aux ours de la prison militaire d'Alger.

— Je pense bien !

Et je suivis l'agent principal jusqu'à son bureau.

Dans ce bureau, je trouvai : un commandant de gendarmerie en grand uniforme noir, toutes ses décorations sur la poitrine ; un capitaine d'infanterie, un sergent légionnaire et deux gendarmes.

Soudain, un gardien poussa un homme dans la salle.

Crâne rasé, lèvres rasées, l'homme qui était sans faux-col, s'arrêta net. Il broncha, mais imperceptiblement. Les yeux grands ouverts, il regarda l'assemblée.

Le jeune capitaine d'infanterie le fixait en souriant.

— Eh bien ! Vous me reconnaissez ? lui demande-t-il.

— Non monsieur.

— Moi, je vous reconnais...

— Vous n'avez pas de doute ? Fait le commandant au capitaine.

— Aucun.

Le commandant de gendarmerie qui est familièrement assis sur la table, dit à l'homme sur un ton aimable :

— Vous voyez ! Qu'avez-vous à répondre ?

— Monsieur l'officier, je me trouve devant une énigme.

LE LÉGIONNAIRE DÉSERTEUR

Le jeune capitaine reprend :

— L'individu ici présent arriva à la légion en décembre 1921, sous le nom de Léon Charles. À son entrée au corps, il fut affecté numéro 1 à la compagnie mitrailleuse que je commandais. Il y est resté jusqu'en juillet 1922. Ensuite, il suivit pendant quatre mois le peloton des élèves caporaux. Les quatre mois achevés, il fut affecté numéro 1 à la compagnie des sapeurs-pionniers. C'est de là qu'il a déserté.

— C'est une énigme ! fait l'homme.

Le capitaine :

— Repris, l'homme fut condamné le 9 février 1923 par le conseil de guerre d'Oran à cinq ans de prison, et dirigé sur le pénitencier de Bossuet. Le 18 juin 1923, dans la nuit, il s'évada en assassinant la sentinelle.

Par un geste lent des deux épaules, l'homme manifeste un écrasant étonnement.

Alors le sergent s'avance.

— Moi, Vallarino César, sergent au 1er étranger, à Sidi-Bel-Abbès, j'ai connu cet homme au peloton des élèves mitrailleurs, en avril 1922. C'était un ami du sergent Morin, et le sergent Morin m'a dit : « C'est un ancien officier allemand, très calé, très intelligent, qui fait des études sur l'Algérie et la Tunisie. »

— Nous y sommes ! fait le commandant de gendarmerie.

— Je suis Karl Heile, comptable à l'épicerie Moralli frères à Alger.

— Vous êtes Allemand ?

— Allemand, né à Hagen, Westphalie.

— Et comment êtes-vous venu en Algérie ?

— Monsieur le commandant…

— Voyons, *capitaine* Karl Heile, ne m'appelez pas monsieur, on dit mon commandant, et vous le savez.

Capitaine le frappa droit. Il regarda devant lui comme pour ne plus rien voir, mais tout de suite :

104

— Mon commandant, puisque l'on dit mon commandant (il sourit), j'étais à Londres, invité par un ami qui m'avait promis une place aux Indes...

— Aux Indes ! interrompt le commandant, non sans trahir que ce mot-là ne fera pas mal non plus tout à l'heure dans la conversation.

— J'étais sans argent, je me suis engagé comme matelot sur le *Hocking*. Après Gibraltar, une dispute éclata entre le capitaine et moi, et le capitaine me dit : « Nous relâcherons à Philippeville et là vous quitterez le bord. »

— Curieux, cette dispute entre un matelot et le capitaine.

— En effet ! Mais bien plus curieux ce qui se passe en ce moment ici pour moi. Et je débarquai à Philippeville.

Il se tut.

— Après ?

— Après... je fis la connaissance d'une dame. Cette dame m'emmena dans le Sud pour gérer ses propriétés.

— C'était une Allemande ?

— Une Française.

— Alors, une Française choisit un Allemand qu'elle ne connaît pas pour gérer ses propriétés ? Je ne la félicite pas.

— Elle trouvait que je ressemblais à son fils mort pendant la guerre.

— Son fils était sans doute l'un des trente-deux aviateurs français que vous aviez descendus ?

Karl Heile eut un mouvement pénible, il remua son corps avec difficulté, comme s'il le sentait déjà ligoté de la tête aux pieds.

— Et comment s'appelait cette dame ?

— Je refuse de donner le nom de cette dame. Un Français comprendra cela...

— En quel endroit du Sud étiez-vous ?

— Si je donne le nom de la ferme, on trouvera le nom de la dame.

— Mettons, fait le commandant que cet endroit fût Teniet-El-Had. C'est bien cela ?

L'homme réfléchit rapidement et comprit que la lutte ne devait pas se livrer sur ce détail.

— Je crois en effet.

— Vous voyez, nous nous entendons très bien ; vous étiez capitaine, je suis commandant : vous êtes docteur en philosophie, je suis licencié ès-lettres. Car vous êtes docteur en philosophie, n'est-ce pas ?

Karl Heile accusa le coup d'un sourire.

— Ce sont sans doute ces titres qui vous ont fait trouver une place de comptable dans une épicerie ? Mais, continuez. Vous étiez à Teniet-El-Had comme gérant de ferme.

— Je me suis disputé avec cette dame. J'ai quitté la ferme. J'avais deux cents francs en poche. Je suis parti à pied dans la campagne pour trouver une nouvelle place. Je n'ai rien trouvé. J'ai rôdé sur les routes. C'est à ce moment qu'une première fois on m'arrêta pour vagabondage.

— …et que l'on vous enferma à la prison civile d'Alger.

— À Barberousse.

— À Barberousse, nous sommes d'accord. Et comme au bout d'un mois, on vous a relâché, cela vous donna confiance. « Si l'on avait découvert mon identité, on m'aurait gardé. » C'est bien ce que vous vous êtes dit ?

— Mais non ! Mon commandant.

— Donc, en quittant Barberousse, vous êtes sans ressources sur le pavé d'Alger. Comment vivez-vous ?

— Durement, comme tous les malheureux.

— Et vous avez trouvé une place à la maison Moralli, comme par hasard ?

— À peu près.

— C'est là tout ce que vous avez fait en Algérie ?

— C'est là tout ce que j'ai fait.

— Bien. Maintenant, sergent Vallarino, dites-nous comment vous avez retrouvé et fait arrêter l'individu qui est devant vous.

Le sergent Vallarino est Italien, il ne lui déplaît pas de conter une histoire, il en semble même tout réjoui.

— Donc, je me trouvais attablé dans un restaurant de Bab-El-Oued, avec le sergent Dialo, Sénégalais, lorsque je vis entrer — il se tourne vers Karl Heile — l'individu ici présent. Je le reconnus, mais sans pouvoir me rappeler son nom. Je l'abordai.

— Alors, ça va ? Lui dis-je.

— Tiens ! Vallarino !

— Il vous a bien dit : « Tiens ! Vallarino ! »

Le sergent, imitant cette fois l'accent de Heile, répéta :

— Tiens ! Vallarino ! Alors je lui dis : « Tu es libéré ? « On verra cela plus tard, me répondit-il. »

Et il m'invita à boire un verre de vin. Alors je lui dis :

— *Tu as taillé la corde* ? (Tu t'es évadé).

— Ne parlons pas de ça ici, dit-il.

— Vous lui avez bien dit : *Tu as taillé la corde ?*

— Oui, je lui ai dit « Alors tu as taillé la corde ? ».

— Donc, fait le commandant à Karl Heile, vous connaissiez l'expression, puisque vous avez répondu ?

— J'ai été à la prison de Barberousse, mon commandant ! On apprend beaucoup de choses dans les prisons.

— Vous êtes fort, très fort. Continuez, sergent.

— On a bu le vin et nous sommes sortis tout de suite. Il voulait m'échapper. Je l'ai suivi et l'ai fait arrêter par deux agents de police, les premiers que j'ai rencontrés.

— Bon. Un moment. Karl Heile ! — puisque vous êtes aujourd'hui Karl Heile — reconnaissez-vous ces faits comme exacts ?

— Vraiment c'est une énigme, je n'avais jamais vu ce monsieur.

— Vous ne l'aviez jamais vu, mais vous lui offrez un verre de vin.

— Comme à une rencontre de café.

— Et votre surprise : « Tiens ! Vallarino ! »

— Oh ! Je n'ai pu dire cela, ne connaissant pas ce monsieur.

— Mais l'expression *tailler la corde* ? Vous avez avoué tout à l'heure, pourtant.

— J'ai avoué connaître l'expression, je n'ai pas avoué avoir répondu lorsque ce monsieur, comme il le prétend, m'aurait interrogé.

— Très fort ! Très fort ; on voit que vous êtes docteur en philosophie. On vous arrête, on vous conduit au poste de Bab-el-Oued. Là, vous dites : je suis Karl Heile. On vous garde trente-six heures. Pendant ce temps, on téléphone au 1er étranger, à Sidi-Bel-Abbès. Le 1er étranger répond que Karl Heile n'est pas sur ses registres. Alors, on vous relâche. C'est bien cela ?

— C'est cela.

— Et, jouant la partie à fond, car vous êtes courageux, capitaine Heile, vous ne vous sauvez pas, vous regagnez froidement votre place de comptable. « Deux fois arrêté et deux fois relâché, vous dites-vous, l'épreuve est faite, on a perdu ma trace ». Mais je vous surveillais depuis longtemps, Karl Heile. Voyons, une seule chose importe aujourd'hui. Ai-je devant moi l'ex-légionnaire Léon Charles ?

— Mais non, mon commandant.

L'IDENTIFICATION

— Ce matin, vous avez été examiné. Quatre cicatrices furent relevées sur votre corps. Vous avez la feuille, adjudant ?

— Voici.

— Une cicatrice à l'avant-bras droit, commençant à quatre centimètres et demie de la jointure, une cicatrice à la naissance de l'épaule, une cicatrice de trois centimètres au-dessous du sein gauche, une cicatrice au petit doigt de la main droite. Voilà ce que ce matin, le docteur releva sur votre corps. Est-ce exact ? Bien !

— Mais que viennent faire ici mes cicatrices ?

— Justement, j'allais vous le dire.

Le commandant extrait une feuille de son dossier.

— Savez-vous ce que je vois là-dessus ? Je vois que le légionnaire Léon Charles, du 1er étranger, accusait les quatre mêmes cicatrices que vous, Karl Heile.

— Si l'on cherche les cicatrices dont on a besoin, on les trouve toujours.

— Je ne vous permets pas de mettre en doute ma bonne foi.

— Je m'excuse, j'ai voulu dire que dans le nombre immense des hommes, deux corps peuvent fort bien présenter les mêmes particularités, même accidentelles.

— Voilà bien le langage d'un modeste employé d'épicerie !

POUR SERVIR...

Peu à peu le personnage apparaissait. L'ex-capitaine allemand aux trente-deux victoires perçait sous l'ex-légionnaire de France. Loin de le sauver, son intelligence le dénonçait.

Je regardai la main qui assassina. Cette main était élégante. De même que, naguère, sa moisson faite, l'homme sans nom s'était évadé du 1er étranger, cette autre nuit, coûte que coûte, il avait dû quitter le pénitencier.

Il était en Algérie pour « servir ».

C'était bien Léon Charles, c'était bien Karl Heile, et cependant il n'était pas davantage Karl Heile que Léon Charles. Les hommes de son dur métier n'ont plus d'état-civil. Semblable aux sous-marins de son pays, il n'était plus qu'une lettre et un numéro : un V-33, un U-18 ; là-bas, dans un bureau secret du ministère de la Guerre, à Berlin...

— Mais qu'avez-vous fait de 1919 à 1921, Karl Heile ?

— J'étais journaliste, mon commandant.

— Aux Indes, peut-être ?

— Pas aux Indes, à la *Vœlkische Zeitung.*

— Quel était votre emploi au journal ?

— Second rédacteur diplomatique.

L'homme se tourna de mon côté. J'avais noté quelques mots. Cela lui avait suffi.

— Je comprends, me dit-il que vous devez être de la presse. Puis-je vous demander, comme confrère, dans le cas où vous connaîtriez le nom de la dame dont il fut question, de ne pas imprimer ce nom ? C'est ici une affaire entre hommes.

— Êtes-vous marié ? fait le commandant.

Heile répondit non, mais avec un amer sourire qui disait : « Se marie-t-on dans mon métier ? »

— Alors, en 1919, vous étiez à la *Vœlkische Zeitung,* vous n'étiez pas aux Indes ?

— Mais... non...

— Vous n'étiez pas aux Indes avec Monsieur votre père qui fut fusillé par les Anglais ?

— Je... Je dois être victime d'une ressemblance !

Les enfants des gardiens de la prison jouaient à la balle dans la cour et leur rire frais entra dans la pièce.

— Des enfants ! fit Karl Heile.

— Je vous arrête, dit le commandant.

— Cependant…

— Je regrette, mais chacun sert son pays, n'est-ce pas, monsieur ?

17.
L'homme qui n'a pas su qu'il y avait la guerre

Nous entourerons de mystère le lieu de ce récit. Nous ne dirons pas s'il se trouve au Maroc, en Algérie, en Tunisie, dans le Nord ou dans le Sud, en plaine ou en montagne.

— Si vous êtes là pour me dépister, autant l'avouer tout de suite que je fasse mon ballot.

Mais l'homme, qui avait toujours ses instruments de travail à la main, reprit confiance au fond de son atelier.

Il lisait la lettre que je venais de lui présenter.

— C'est imprévu, dit-il, mais puisque c'est de sa part...

D'anciens pègres demeurent en Afrique. Tous ne rêvent pas de Marseille, de Nantes ou de Paname.

L'homme qui m'avait donné la lettre était resté, après sa libération, sous « le soleil de ses malheurs ». Sa profession : marchand de vin au Maroc.

J'allais parfois poser mon coude sur son comptoir.

— De votre temps, était-ce comme aujourd'hui, on assure que c'était pire.

Son temps s'acheva en 1920.

— Ni pire ni mieux, c'était honteux. Mais vous devriez aller voir X... Il déserta chez les Chleuhs pour fuir les coups. C'était un bon garçon, et intelligent. Lui vous dirait des choses utiles. Je vais vous donner une lettre, car il se garde à carreau, sa situation n'est pas légale. J'ai confiance en vous, pas ? Je vous dis tout ça comme à un curé.

C'est de la sorte qu'un mois après je trouvais l'homme au fond de son atelier, en cet endroit mystérieux.

Mettons que l'individu s'appelât Isbert.

— Je ne suis pas une vulgaire saleté. Ici, dans ce village, on me connaît. La première année on m'a laissé de côté. Puis on a vu que j'étais un ouvrier sérieux. Le travail est venu.

Il posa ses outils et m'emmena dans son galetas.

— Je ne crains pas la justice populaire. Si l'on réunissait les honnêtes gens de ce pays pour me juger ils diraient : Isbert a bien payé, laissez-le continuer d'être un brave homme. Mais si l'on me repince, ce sera pour me traîner devant le conseil de guerre et là : Isbert est un sale pègre, dira-t-on, un individu dangereux ! Et pour refaire de moi un homme, on me replongera dans la pourriture du pénitencier.

— Vous avez déserté chez les Chleuhs ?

— Je me suis évadé chez les Chleuhs, je n'ai pas déserté.

Et, se rebiffant :

— Faut pas confondre !

Il mit ses yeux au plus grand diaphragme. Et comme s'il n'était pas encore revenu de ce qu'il allait dire, il prononça avec stupeur :

— Et cependant, je n'ai pas su qu'il y avait la gucrre !

« C'était en mai quatorze. J'étais tombé des joyeux dans le pénitencier. Je n'étais pas aux joyeux pour avoir descendu un citoyen dans la rue. Non ! J'avais pris deux fois, sans payer, le train de Lyon à Grenoble, et en troisième, encore ! Infraction à la police des chemins de fer, ainsi la chose se nomme. Et je fus classé parmi les grands criminels. J'arrive aux Bat' d'Af'. Le commandant nous fait un petit discours. « Pour moi, dit-il vous n'êtes que des soldats. Vos erreurs du passé, je ne veux pas les connaître... » Ça va, pensais-je, ça va bien. Dix minutes après le discours, alors que nous étions au garde à vous devant nos lits, un sergent me dit : « Vous, votre tête ne me plaît pas, il faudra en changer. » Huit jours plus tard, il me crie : « Ou vous changerez de tête, ou vous irez aux durs (aux travaux publics). » Je ne parlais pas, j'observais la discipline. Un dimanche, comme j'étais prêt pour la promenade, il me dit : « Est-ce qu'on sort dehors, quand on a une sale tête de cochon comme la vôtre ? Restez là. » Alors je lui sautai dessus, d'homme à homme : cinq ans de travaux publics pour moi.

— Qu'est-ce que vous examinez ? me demande Isbert.

— Je vous écoute, continuez.

— C'est mes portraits qui vous épatent ?

Aux murs de la chambre du déserteur antimilitariste, on pouvait admirer les augustes traits de Foch, de Joffre, de Sarrail, de Mangin, de Gouraud et de Guynemer.

— Alors, vous arrivez aux travaux publics ?...

— Oui, et l'on me reçoit au pénitencier en m'envoyant un trousseau de clefs par la figure.

— Qu'est-ce que vous aviez fait ?

— J'arrivais, c'est tout ce que j'avais fait. On tapait sur nous comme sur des ânes. Le bruit de la trique sur le corps des hommes devenait un bruit ordinaire.

Avant d'entrer chez Isbert, j'avais observé l'homme. Il semblait calme. Peu à peu, au rappel de ce passé, une fureur l'anima. Il grinça des dents.

— Quand j'y repense, je vois rouge !

CHEZ LES CHLEUHS

Et un matin je me suis sauvé devant moi. Je n'ai pas décidé le coup froidement. Je me suis emballé comme un cheval. Les balles de la sentinelle sifflaient dans mon galop. Je suis tombé chez l'ennemi.

Pourquoi nous tape-t-on dessus comme ça ?

Savez-vous ce qu'il faudrait dans les pénitenciers ?

Il rit comme pour marquer d'avance qu'il allait dire une chose énorme.

— Des curés.

Par curé, ils n'entendent pas un prêtre qui viendrait leur faire le catéchisme. Curé ! Rabbin ! Pasteur ! Ils ne sont pas fixés sur la confession. En soutane ou en pantalon, ils n'y regarderaient pas de si près. Ce n'est pas leur foi qui a soif. S'ils disent curé, c'est pour tout résumer d'un mot. Ils voudraient un homme qui fût parmi eux, non par métier, mais par bienveillance. Lorsqu'une bonne pensée naît dans l'esprit ou le cœur d'un détenu, ce détenu ne trouve personne à qui la confier. Tout élan vers le bien est étouffé par de gros rires. De mauvais meneurs, tant que vous en voudrez ; de bons meneurs, aucun ! Me désignant un travailleur, un sergent me dit : « C'est le moraliste ! » et à ce mot une bonne rigolade jaillit de son nombril et inonda tout son corps.

— Alors, vous êtes tombé chez les Chleuhs ?

— Dans un village d'abord. C'était au bout de trois jours de marche, hein ? Et pour nourriture des artichauts sauvages. À ma vue, la population décampa. Je me suis dit : on va te tuer ! Je levai une main comme l'on fait dans le pays. Ce sont les enfants qui avaient fui et les femmes. Je n'avais pas vu d'hommes chleuhs encore. J'avais jeté mon képi, bien entendu. Le soleil m'avait tapé dessus et j'avais bien mal à la tête. Hé ! Savez-vous bien que j'étais très malheureux ! Ils ne m'ont pas tué, non, c'est une race intelligente. Ils ont compris que j'étais un perdu, et que je ne leur voulais pas de mal… J'ai gardé leurs troupeaux, j'ai réparé leurs bricoles. Je n'ai pas cherché leurs femmes. J'y suis resté sept ans.

Ils parlaient bien de *barouds* (de batailles), je croyais que c'étaient des batailles du Maroc. C'est pendant ce temps que j'ai vu manœuvrer les Allemands, quatre dans mes sept ans. Je n'étais pas très calé sur ces histoires de nations, aussi le premier n'a fait que m'épater. C'était un matin. Qu'est-ce que je vois dans le village ?… un Français ! Je veux dire un type que je croyais français. Je vais lui dire bonjour. Il parlait français, mais pas très bien. Il me demande ce que je fais ici. Je lui dis tout. Et il s'en va sans plus s'intéresser à moi. C'est plus tard, quand il en passa deux autres tout pareils, que j'appris que c'étaient des gens qui venaient porter du *flouss* (de l'argent) au chef, contre nous, et que j'ai vu que c'étaient des Allemands. Eh bien ! Si j'avais pu faire savoir le truc à ceux que ça regarde chez nous, je l'aurais fait. C'étaient des gars culottés tout de même ! Ils parlaient berbère mieux que moi. Et comment qu'ils avaient fait pour passer ? Il y a dans la vie de fichus fourbis qu'on ne connaît pas !

— Comment êtes-vous revenu ?

— On a beau s'habituer, on ne s'habitue pas ! J'ai dit un jour : je vais rentrer, tant pis ! Il passait par moments des marchands qui venaient par le *trick* (le chemin) du Tasfilet, et pour vendre quoi ? Rien du tout. Je crois que c'est plutôt pour balader leurs femmes sur des ânes ; ils ont toujours plus de femmes que de marchandises. Je me suis mis bien avec l'un d'eux. J'avais laissé pousser ma barbe, comme de juste. J'avais bu de l'eau pendant tout ce temps. Sous mon burnous, je parie que ma mère ne m'aurait pas reconnu. Et je partis pour piquer les ânes des mouquères.

— C'était en 1920 ?

— Sept ans après, 1920. Alors, attendez. C'est à ce moment que je n'allais plus rien comprendre. Le voyage à pied dura vingt-deux jours, pas ? J'arrive à Meknès. Je m'habille comme tout le monde. Là, je vois des soldats marocains qui s'en allaient et j'entends dire : « Ils vont en Allemagne ! »

— Pourquoi qu'ils vont en Allemagne ?

— Pour garder le Rhin ! Qu'on me répond.

— Alors, c'est les Marocains qui gardent le Rhin, à présent ?

— D'où que tu sors ?

— C'était un chauffeur à qui je parlais. Je ne pouvais pas lui dire d'où que je sortais. Alors, je ne dis rien. Ce fut comme ça pendant deux jours. Je n'osais pas interroger, je voyais dans les journaux : « Les bolcheviks marchent sur Varsovie ! » Qu'est-ce que c'est que les bolcheviks ? Que je demandais. Voilà que de nouveaux peuples avaient poussé sur la terre ! On me dit : « Les bolcheviks, c'est des Russes, eh ! Ballot ! » Alors, je crus que c'étaient des espèces de Lapons qui s'étaient réveillés et descendaient comme des pirates vers les pays chauds. Guillaume, que je connaissais — que je connaissais comme tout le monde — il n'était plus empereur, mais bourgeois dans la Hollande !

J'avais laissé les journaux, car c'était comme si je n'avais pas su lire ; je ne comprenais plus rien de ce qui était dessus. C'est un copain, un soir, à qui j'ai dit ce qui m'était arrivé, qui m'a tout dit.

Le tsar Nicolas était bousillé et toute sa famille bousillée aussi ; les Américains avaient traversé la mer.

— Et tu sais, qui me dit, y a plus d'Autriche !

— Où que ça s'est passé la bataille, que je demande, à Sedan ? Combien de morts en tout ?

— Devine.

— Trente mille, que je réponds.

Le copain se tape sur les cuisses.

— Six millions !

— Six millions, que je dis en rigolant ! Faut tout de même pas me prendre pour une tourte.

— Mais puisque ça a duré cinq ans !

— Où que ça s'est passé, alors ?

— À point d'endroit. De batailles y en a pas eu, qu'un jour, la bataille de la Marne. Après, ce fut partout à la fois.

— Ah ! là là ! que je faisais. Ah ! là là ! Et combien de morts pour les Français ?

— Un million et quatre cent mille !

— Alors, mon père, mon frère, mon oncle y sont peut-être bien morts ?

— Oh ! ça, sûrement ! qui me répond.

J'emmenai l'homme boire un café chez l'Arabe.

— Et toutes ces aventures vous sont arrivées parce qu'un jour vous aviez pris le train sans payer de Lyon à Grenoble ?

Mon compagnon fit un effort pour se tirer de son formidable souvenir :

— Et aussi parce qu'on nous frappait comme des bêtes.

18.
Les « exclus »

Ce ne sont pas des joyeux.

Ce ne sont pas davantage d'ex-joyeux.

Ce ne sont pas non plus des pègres.

Ce sont des « Exclus ».

Être exclu n'est pas une peine, c'est la conséquence d'une peine.

L' « Exclu » a payé sa dette à la société. Il paye maintenant sa dette à la patrie.

Aux « Exclus », on rencontre l'homme qui, avant son service militaire, fut condamné par une cour d'assises.

Il fait son temps de réclusion et, quand on le libère : « Maintenant, à Collioure, lui dit-on ». De Collioure, on le mène à Port-Vendres et de Port-Vendres dans un bateau. Le bateau file sur Oran. De là, l'exclu gagne Mers-el-Kébir. Il lève les yeux et voit un fort. Il aura le temps d'apprendre que c'est un ancien fort espagnol. C'est là qu'il va.

Exclu signifie : exclu de l'armée, indigne de porter les armes. Il ne convenait pas que cette indignité lui conférât le privilège de *couper* au service militaire. Il ne portera pas d'armes, mais, en revanche, toutes sortes d'instruments à manche, allant du balai à la pioche, de la pioche à la pelle et de la pelle au porte-plume. Aujourd'hui, on sert dix-huit mois ; il servira dix-huit mois.

J'aurais mieux fait, ce matin, de rester au lit que de me présenter à la place d'Oran. Que Monsieur le général commandant la division n'aime pas les exclus, c'est une opinion honorable ; qu'il n'ait aucune tendresse pour le voyageur qui vient voir les exclus, c'est de la méchanceté.

— Vous n'avez donc rien à faire ?

— Rien du tout, mon général.

— Alors, vous êtes riche ?

— À milliard ! Mon général.

Au lieu de prendre la mouche, je pris le tram électrique pour Mers-el-Kébir.

Mers-el-Kébir.

— Petit gars, où habite le maire ?

Quand le militaire ne « rend » pas, on se rabat sur le civil.

— Là, m'sieu, où est la dame qu'a un corsage rouge.

Le maire faisait la sieste. On le réveilla. Je pensai : « Qu'est-ce que je vais encore prendre ? » Il apparut, un œil ouvert, l'autre toujours clos. Je lui dis que j'avais besoin de lui, au sujet des exclus. « Mais avec plaisir », fit-il en ouvrant son second œil. Voilà un homme ! Je l'aurais embrassé…

— Comme maire, qu'en pensez-vous ? Dévastent-ils votre commune ?

— Ils sont dans le fort, ils ne me gênent pas.

— Ils n'en sortent jamais ?

— Tous les dimanches, comme des soldats ordinaires. Voilà peu de temps, ils vous auraient édifié. Aucun ne manquait la messe. On les voyait traverser sagement le village, entrer à l'église, prendre de l'eau bénite à la porte, chanter, s'agenouiller et communier.

— C'était pour gagner une indulgence ?

— Justement ! Mais pas celle du pape, celle de leur commandant, un dévot.

Nous partîmes pour le fort.

Les exclus ne sont guère plus de cent. Tous ne sont pas à Mers-el-Kébir, une soixantaine triment dans les mines, à Kenatza, au fin fond du Sud, et sans ménagement : ce sont les tout derniers chevaux de fiacre de l'armée. Ils tirent la langue, mais ils monteront la côte. Ils minent la terre, la terre les mine, la société est quitte !

Trois officiers, marchant de front, descendaient du fort. Ils dirent : « Bonjour, monsieur le maire ! »

— Je vais montrer les exclus à ce monsieur ! fit mon compagnon.

Alors, un capitaine à qui je ne demandais rien, j'en atteste la belle mer bleue que nous longions, me dit :

— On ne va pas vers ces gens-là. C'est le résidu de la crapule. Je loge dans le fort depuis un an et je ne les ai jamais regardés.

Je lui fis un beau sourire.

— Il ne faut pas s'occuper d'eux. Le mieux est de les laisser dans leur boue. N'est-ce pas votre avis, monsieur ?

Je lui fis un bien plus joli sourire que le premier. Il me prit pour un sourd-muet et continua son chemin.

L'HOMME QUI PERD SA FIANCÉE

En regardant le fort de Mers-el-Kébir, on doit être fier d'être Espagnol. Les Vénitiens, eux-mêmes, n'ont pas dressé œuvre plus orgueilleuse face à la Méditerranée. C'est un fort de cape et d'épée.

Mon compagnon parlait en arabe à la sentinelle. La conversation se prolongeait.

— Que lui dites-vous ?

— Je lui dis que je suis le maire.

La sentinelle répondait toujours d'un mot.

— Et que vous répond-il ?

— Il me répond qu'il s'en f..t.

On arriva chez le capitaine.

C'était un monsieur bien aimable. Depuis ce matin, les gens qui ne me traitaient pas de vampire me paraissaient délicieux. Il y avait justement Lestiboudois chez le capitaine. Lestiboudois portait au col deux lettres en laine et de couleur jonquille : D. E. (dépôt d'exclus).

— Mais mon capitaine, disait Lestiboudois, tous mes arrangements sont faits.

— Vous avez un an de rabiot, je n'y puis rien.

— Je devais me marier dans un mois. J'escomptais avec amour les douceurs de la vie conjugale et la tranquillité d'une existence rurale, et voilà ce que vous me dites ?

— Je ne vous apprends rien, Lestiboudois. Avez-vous, oui ou non, trois cent cinquante jours de rabiot ?

— Ce rabiot ruine à jamais mon avenir.

— Après treize ans de tribulations…

— Justement, mon capitaine, et voici ma confidence. Ma fiancée très pure qui m'a attendu treize ans, ne me paraît plus dans la disposition d'esprit d'attendre encore trois cent cinquante jours.

— Si vous vous conduisez bien, vous ne ferez pas votre année.

— C'est un choc terrible !

Lestiboudois feuilleta son dossier.

Il arrêta son doigt sur le motif d'une punition : « A refusé de se laver les pieds ».

Il sortit dans la cour en disant : « Pour n'avoir pas voulu me laver les pieds, je perds ma fiancée ! »

Complices de faux monnayeurs, receleurs, escrocs, bref, la clientèle des maisons centrales fournit le lot de Mers-el-Kébir. On y trouve aussi des citoyens qui ne viennent pas des cours d'assises. Ces citoyens-là ne sauront jamais pourquoi ils sont allés aux Exclus. Et je ne le saurai pas davantage qu'eux-mêmes. Mais tous sont des individus pleins de variété, encore qu'ils ne soient guère que de l'espèce des gens de ville. Deux d'entre eux, le dimanche, après avoir assisté à la sainte messe, gagnaient ces mois derniers la route en corniche. Ils arrêtaient les autos, pillaient les maris et bécotaient les femmes. Par contre, un autre exclu passe depuis un an, chaque matin, à la caisse du dépôt. On lui donne cent francs, deux cents francs, il prend le tram, va à Oran, fait les achats et, à dix heures tapant, son sac au dos, réintègre le fort espagnol. Ils sont de tous les âges, de vingt-cinq à quarante-cinq ans.

LE DOYEN

— …Vous pouvez même dire à quarante-sept ans.

C'est le doyen.

— Doyen, mais pas désabusé. La vie va reprendre.

L'homme s'occupe déjà de sa libération prochaine.

— Il me semble, lui dit un officier, que vos idées, en religion, ne sont pas bien arrêtées.

— Ma religion c'est la vie…

— Vous avez écrit en même temps au pasteur, au rabbin et à une dame patronesse d'une œuvre catholique.

— J'assure mes derrières.

— J'ai deux réponses à votre sujet. Un avocat d'Alger vous a trouvé une place dans les ponts et chaussées, et l'on vous offre un emploi aux Galeries de France, à Oran.

— Dans la nouveauté ! Non ! Mon capitaine, vous ne voyez pas Schibert dans la nouveauté ?

C'était Schibert. Schibert est un vieux coq qui se redresse sur des pieds fatigués. Schibert aime la vie !

Voici la sienne :

— Je fus « exclu » une première fois. C'était en 1889. J'étais jeune, j'étais beau, j'aimais le soleil et les demoiselles. Ce mot d'exclu décida de ma destinée. Je me remis tout seul dans le mouvement, je m'évadai.

« J'aimais les demoiselles et les voyages et je partis en Indo-Chine. Engagé volontaire — j'aimais aussi l'armée, j'aimais et j'aime tout — engagé volontaire au 9e d'infanterie coloniale à Hanoï, Tonkin, voilà que je fais le chevalier, c'est-à-dire que je me bats avec un sergent en l'honneur et pour l'amour d'une

Européenne au beau corsage. Dix ans de travaux publics pour le chevalier et adieu la mignonne !

« Le 16 août 1901 — j'aime la précision, j'aime tout — on embarque à Haïphong le pauvre Schibert sur le *Sinaï.* On me transportait du pays de Bouddha, au pays de Mahomet, je veux dire en Algérie.

On arrive à Colombo, je brise ma chaîne, culbute la sentinelle, je me jette à l'eau, gagne la terre, me voilà Cinghalais. « Pourquoi Cinghalais ? » me dis-je. Je pars pour Singapour et je remonte à Pénang.

Pénang ! Monsieur ! Pénang ! L'île de mon mariage ! Vingt-six novembre 1901, à cinq heures de l'après-midi, quel beau cortège ! Le consul de France, le Père des Missions — ah ! Le bon père — et toute la famille du principal marchand de jonc mâle de Malaisie ! Là-dessus, je dis à ma petite femme : « Allons aux Philippines. » Elle bat des mains et dit : « Allons aux Philippines ! » Je débarque à Manille avec ma rose de Pénang (sa femme) — 17 décembre 1901.

« Manille ! Là, il faut s'arrêter. Il faut s'arrêter treize ans et deux mois. Monsieur, j'apprends l'espagnol, j'apprends l'anglais. J'ai deux enfants. Ma femme est belle. Je reçois un diplôme d'honneur. Je suis cocu. Malheureux jour, monsieur, que ce jour de février 1914 où m'arriva cette surprenante révélation. Adieu ! Dis-je ! Adieu une fois de plus. Je revins à Singapour comme ingénieur civil et administrateur des ponts et chaussées. Mars 1914.

« Le malheur était dans mes poches. Condamné par la cour d'assises de Singapour à six ans de travaux forcés pour viol — si l'on peut dire — je suis incarcéré le 27 avril.

« Il faut encore s'arrêter six ans, monsieur.

« Le 19 janvier 1920, à Singapour toujours, l'Angleterre m'embarque sur le *Dongola* et me débarque à Devonport, 73.000 habitants.

« J'étais malade. L'Angleterre me soigne à l'île de Wight dans une maison de santé. Je guéris. L'Angleterre veut me renvoyer en France. Je saute à Southampton, je vois mon consul. Je proteste. Je dis : « L'Angleterre me rejette en France parce que je suis déserteur. Elle dit que je suis déserteur et c'est elle qui, de 1914 à 1920, m'a gardé dans ses prisons. » Le consul dit : « Faut obéir à l'Angleterre. » J'obéis. Je débarque au Havre. Je me présente au commisaire spécial. Il m'arrête. Mauvais jours ! Et de tout cela, que ressort-il à la lumière de la justice de mon beau pays ? Que j'ai vingt mois à faire aux exclus ! Combien de problèmes fallut-il aligner pour arriver à cette solution ? Des milliers, monsieur, en se servant de la règle à calcul, foi d'un ingénieur des ponts et chaussées ! Vingt mois, me dis-je, ce n'est pas le Pérou. Va pour vingt mois d'exclus. Je ne connaissais pas les mines de Kenatza, il est vrai.

« Maintenant, c'est fini. Les beaux matins reviennent. Déchirez les lettres, mon capitaine, les lettres pour la place d'Alger et la maison de nouveautés d'Oran. C'est aux Antilles que je veux aller... »

Ce n'est pas un fou, c'est un « exclu », mais un sur cent...

Albert Londres

19.
« Tiraillours »

Les tirailleurs exécutent.

Ils exécutent les ordres.

Les tirailleurs sont certainement de « bons tirailleurs. »

Assis dans le bureau d'un capitaine, chef de pénitencier, j'attendais que le capitaine eût pris connaissance de son courrier. Il ouvrait des lettres. Il s'attarda à la lecture de l'une d'elles.

— Évidemment ! faisait-il.

La lettre était du père d'un détenu décédé.

Elle disait :

« Nous venons d'apprendre avec une infinie douleur la mort de notre fils, survenue, dit la note, au début de ce mois. Je m'adresse à vous, mon capitaine, pour connaître les causes de ce décès, car nous voulons croire, ma femme et moi, que sa mort fut une mort naturelle… »

— Hélas ! Non ! fit le capitaine. C'est l'un de ces drames du milieu. Il a voulu s'évader, le tirailleur a tiré. L'homme est resté sous le coup.

C'est le règlement.

Personne ne doit discuter le règlement, un tirailleur, moins que quiconque. Sans le discuter, on peut l'interpréter. Mais voilà… de ces tirailleurs nous avons fait des soldats, nous n'avons pas encore fait des interprètes…

L'esprit du tirailleur n'est pas renommé pour son discernement. De tous temps, le chaouch abusa de l'innocence de cet auxiliaire. C'est l'instrument légal de ses rancunes.

— Alors tu ne veux pas travailler, salopard ?

— Sergent, je suis malade.

— Suis-moi.

Au milieu de la cour, le sergent trace un rond sur le sol, du bout de sa trique.

— Mets-toi dans ce rond, face au soleil.

L'homme est sans képi.

— Garde à vous !

L'homme se fige.

Le sergent appelle un tirailleur.

— Toi voir « pénitencier » ?

— Oui *sargent.*

— Si lui bouger, toi tirer.

Le tirailleur monte la garde à cinq pas.

Le supplice n'est pas limité. Il dure une heure, deux heures. Parfois moins… c'est qu'alors, l'homme a bougé…

Une enquête suit la mort. Le chef de détachement répond : Le détenu a voulu s'évader.

C'était en Algérie, dans un détachement de Douéra. Cinq détenus sont commandés de corvée. Ils partent, accompagnés d'un tirailleur.

— Bonne affaire ! pensent deux des hommes. Un tirailleur pour cinq ! On va *s'esbigner.*

Choisissant leur moment, les deux hommes s'évadent.

Le tirailleur se retourne, compte sa corvée. Il ne voit plus que trois clients.

Il voit aussi sa faute, et qu'il a mal rempli sa mission, et qu'il sera puni, et qu'on ne le considérera plus comme un bon *tiraillour.* Comment sortir de ce cas. Il a trouvé. Trois hommes restent, il va les tuer. Il dira : « Tous ont voulu partir, je n'ai pu en tuer que trois. » Il épaule, il en tue un, il en tue deux. Le troisième, Daniel, a le temps de dévaler. Il se jette dans un oued. Le tirailleur tire… Manqué ! Daniel a disparu.

Le tirailleur rentre au camp.

— Eh ! bien ! Et tes hommes ? Demande le chef.

— Tous partis ! Droite ! Gauche ! Droite ! Moi avoir tiré, moi avoir tué deux seulement.

Sale affaire ! Le chef de détachement avait commis une faute en ne faisant pas accompagner sa corvée, par deux tirailleurs au moins.

Il faut inventer tout de suite un second tirailleur : le chef s'adresse au plus idiot :

— Toi bien comprendre, toi avoir été avec corvée, toi avoir tiré comme ton camarade parce que « pénitenciers » voulaient étrangler toi et s'évader, toi bien comprendre ?

— Moi bien comprendre.

Le chef de détachement fait son rapport.

Entre temps on avait été chercher les deux cadavres.

Le surlendemain, le général commandant la division d'Alger débarque au camp.

Le général peut venir, « on » est prêt.

— Comment la chose s'est-elle passée ?

— Mon général, j'envoie cinq hommes en corvée, deux tirailleurs les accompagnent. À un endroit propice, les cinq hommes se jettent sur les tirailleurs, ils croient les avoir réduits à l'impuissance et s'évadent. Mais les tirailleurs n'ont pas perdu leur sang-froid, ils tirent. Vous savez le reste.

On fait comparaître les deux héros.

— « Pénitenciers » vouloir tomber sur nous, « pénitenciers » s'évader, nous plus forts, nous tirer.

— Mon général, dit le chef de détachement, ces deux hommes se sont distingués, ils ont fait preuve de présence d'esprit, il faudrait les récompenser.

L'enquête ne peut être poussée plus avant : pas de témoins, sinon deux cadavres.

Alors le général donne vingt francs à chacun des tirailleurs et les nomme de 1re classe !

Comme il est tard, le soleil se couche sur cette journée du juste.

Le lendemain, qui rapplique au camp ?

Daniel-le-Rescapé.

Il lui avait fallu trente-six heures pour se remettre ; en conscience, ce n'était pas trop, en fait, il était déserteur.

Effarement du chef ! Quand un homme s'évade, il ne revient pas, d'habitude, tout seul sous le marabout.

Daniel veut conter l'histoire, mais Daniel est un évadé. On commence par l'envoyer au « tombeau ».

Cependant Daniel parle.

Le camp ne tarde pas à connaître la vérité. Rumeurs. Le camp est bâillonné.

Coup de théâtre ! Quelqu'un avait vu le drame. Un employé des postes de Tizi-Ouzou, en partie de campagne avec sa famille, rompait le pain du dimanche non loin de l'endroit tragique. Rentré à Tizi-Ouzou, le postier fit un rapport.

De plus, les deux évadés de la corvée sont repris. L'affaire se renoue, le général envoie un capitaine pour mener l'enquête à fond. La tâche est dure. Pour enquêter dans les pénitenciers, il faut comprendre *toujours* quand on vous dit *jamais*. À part ce détail, tout est clair.

Bref, le capitaine reconstitue le drame. Le général donne l'ordre de traduire les tirailleurs en conseil de guerre.

Et le chef de détachement qui avait constitué le faux témoin ? Du chef de détachement, on ne parla pas.

Et que fit le conseil de guerre ?

Le conseil de guerre ? Il ne fit rien. Les « tiraillours » se défendirent avec tant de vigueur, paraît-il, qu'il y eut non lieu.

En somme, cela ne coûta que deux vies humaines et… quarante francs.

Albert Londres

20.
Quelques plaisanteries de la Grande Marcelle

La Grande Marcelle est un sergent de Douéra.

On l'appelle ainsi parce que son petit nom est Marcel et que c'est un beau gars, élancé, au visage efféminé.

S'il tenait garnison en province et que les dimanches, après-midi, il promenât à la musique un costume de fantaisie, toutes les jeunes pucelles de sous-préfecture, le prenant pour un brillant officier, rêveraient de l'appeler « mon coco ».

C'est l'une des bêtes les plus canailles de Biribi.

Entre autres spécialités, il *plaisante.*

Les détenus au *tombeau* meurent de faim. La ration un jour sur quatre, le reste du temps, une gamelle. La gamelle est toujours pleine, souvent, ce n'est pas de soupe…

Alors, la Grande Marcelle vient casser la croûte devant les disciplinaires.

— Il ne s'ennuie pas le chef ! dit-il, pain de fantaisie, saucisson, beurre, ah ! Que c'est bon de manger quand on a faim !

Et s'adressant à un puni :

— Veux-tu ce croûton ?

— Oh ! Oui, sergent.

Le gars tend la main, mais le sergent donne le croûton à son chien.

Cela fait, il allume une cigarette (il ne fume pas habituellement) et, passant devant le rang, envoie une bouffée de fumée à la figure de chacun.

Un autre jour, il fait sortir les punis et les met au pas gymnastique.

— Plus vite ! Salopards, cochons, dégoûtants…

Le nerf de bœuf entre en danse. (Quand un officier vient en inspection, les sergents cachent le nerf de bœuf. L'officier parti, le nerf de bœuf réapparaît). Le manège dure une heure.

— Un siècle ! disent les gars.

Ils tournent ainsi autour de la cour et, au virage, passent devant la cuisine.

— D'où sortait, me dit Quinot, les bonnes vapeurs de la soupe.

La Grande Marcelle leur crie :

— Ça sent bon, hein ? Courez fort, vous en aurez.

Fourbus, affamés, les punis arrivent de nouveau devant la cuisine.

— Halte !

Les gamelles pleines sont alignées.

— Elles sont belles, les gamelles, aujourd'hui, dit le sergent, le joli coco. Il y a amélioration de l'ordinaire. Il y a des choux ! Ah ! ils ne s'embêtent pas les détenus !

Et s'adressant aux gars :

— Allons ! Choisissez-en chacun une.

Les gars se précipitent. Mon Dieu ! Ils choisissent les plus pleines. Ils les tiennent. Ils vont manger.

— Fixe !

La Grande Marcelle éclate de rire.

— Voulez-vous reposer ça, saligauds !

Et les hommes regagnent le *tombeau* sans manger. Ils avaient bien couru pourtant !

La Grande Marcelle a perfectionné le vieux truc de la soupe au sel. Il ne faut pas qu'à la première cuillerée le détenu s'aperçoive du piège. Il convient de leur donner confiance à ces fils-là ! Le dessus de la soupe est bon. La couche de sel ne vient qu'après, quand l'appétit est déclanché. Le coup réussit chaque fois.

Alors le détenu crie :

— Tirailleur ! De l'eau, par pitié, sois bon pour blanc !

— Moi, y a consigne, moi chercher chef.

Le gandin arrive.

Il tend sa canne vers l'homme qui meurt de soif.

— Moïse ! crie-t-il, Moïse ! Fais couler de l'eau de la canne du chef.

Puis il attend un moment.

— Tu vois, Moïse dort. Je repasserai demain. Prends patience, peut-être sera-t-il réveillé !

— C'était horrible, me disent les gars, nous sucions nos boutons de culotte pour calmer la soif. On voyait des mirages, les grands boulevards, des *chapeaux de paille,* des bocks de bière. Ah ! Quel supplice !

La Grande Marcelle a lu le règlement. Il sait que la peine des travaux publics doit servir à *relever l'homme.* Ce chcf a sa façon personnelle de relever l'homme. Une fois, j'ai vu des détenus qui marchaient à quatre pattes vers la cuisine.

— Qu'est-ce qu'ils font ?

— Ils vont chercher leur gamelle.

C'était un ordre de notre beau sous-officier.

Il a bouleversé la science arithmétique. Dans un nombre de quarante hommes, par exemple, il ne veut pas qu'il y ait un trente-cinq, un trente-six, un quarantième. Tous doivent être premiers.

— Allez ! Rentrez dans les chambres ! Je ne veux pas de derniers !

La rentrée s'effectue de façon fantastique. On se croirait au moment d'une catastrophe. Les détenus se serrent, grimpent les uns sur les autres. Phénomène inconcevable, malgré cela, il y a des derniers ! Et les derniers sont pour le nerf de bœuf.

Un jour de juin, des grâces arrivent.

La Grande Marcelle a bon cœur. Il donnera tout de suite la nouvelle aux heureux. Il rassemble les hommes.

— Quinot ! Rondepierre, Pascal, Chapeau !

— Présents !

— Les grâces sont arrivées, vous partez demain matin. Rompez les rangs !

— On ne se sentait plus de joie, monsieur, on allait revoir les vieux !

— Et moi, dit Chapeau, ma petite Jeannette.

La nuit ils ne dorment pas, ils cirent leurs godillots avec la suie des lampes à pétrole.

Chapeau donne sa pipe à un copain :

— J'en achèterai une autre sur la Canebière, va, prends !

Le matin paraît, resplendissant.

Les quatre veinards sortent habillés de drap.

— Tiens ! dit la Grande Marcelle, pourquoi n'êtes-vous pas en treillis, vous quatre ?

— Chef, vous nous avez dit qu'on partait ce matin.

Alors le beau sergent articulant bien ses mots et tout, tout doucement :

— Vous par-tez, oui, mais vous par-tez au tra-vail.

En somme, ce ne sont là que des plaisanteries. Et puis, ce sergent est un honnête homme.

Quinot, Rondepierre, Pascal, Chapeau et Cie, eux, sont des salopards !

21.
Dans la haine

La haine est le visage des pénitenciers.

Au bagne, le masque est de misère, ici, de colère sourde.

Il est des sociétés de préparation militaire, les pénitenciers d'Afrique sont des sociétés de préparation antimilitariste. Que j'aie surpris les hommes sous le coup de foudre d'un commandement : « Pressons ! Coiffez-vous sur les yeux ! À gauche ! Immobile ! À droite, alignement ! Couvrez ! » Ou la dame à la main frappant la route, ou le nez dans la gamelle, leur premier regard fut de haine.

Il fait haineux dans les pénitenciers comme il fait chaud dans une serre. S'il ne fait pas chaud dans une serre, à quoi bon y mettre des plantes ? Si ce n'est pour leur injecter de la haine, à quoi bon avoir des détenus ?

Les chaouchs ont une psychologie de lapin domestique. Ils inoculent la rage, et quand le sujet mord, ils l'appellent traître !

À la prison d'Alger, dans l'un de ces souterrains, où jadis les galants deys devaient jeter leurs belles épouses coupables, j'ai trouvé, recroquevillé sur un banc de pierre, un homme qui avait tout du magot. Il était défraîchi comme un vieux lacet de soulier qui n'a pas de très haut dominé la boue. C'était pour guérir ses rhumatismes qu'on l'avait mis trente pieds sous terre, sans doute. Il prit ses béquilles et vint vers moi, derrière les barreaux de fer. Et maintenant qu'il marchait, c'est d'un kangourou qu'il avait l'air.

C'était un « intellectuel ». Il était dans cette cage, en compagnie de six autres détenus. On pouvait lui donner cinquante-cinq ans, cinquante-cinq ans d'un homme fini.

— J'ai trente-six ans, dit-il.

— Bon détenu, fit l'agent principal. On me l'a envoyé d'Orléansville pour l'isolement. Mais sa conduite est exemplaire, et je lui laisse faire ce qu'il veut.

Il était là pour désertion.

Il branlait la tête, doucement, de bas en haut, comme sous le vent d'une grande folie sociale.

— J'aurai fini dans six mois, dit-il, je suis écrivain, je dirai tout cela…

— On l'a déjà dit, mon pauvre ami, fit l'agent principal.

— Oui, en effet, et ce qui sera difficile, ce ne sera pas de le dire, mais de le faire croire.

— Quand vous serez libre, vous oublierez tout.

— Oh ! Non ! fit le perclus. On nous a enfoncé une haine éternelle. Pas pour votre prison, mais pour le pénitencier. Ai-je mérité des coups depuis neuf mois que je suis ici ? Non, et je n'en ai pas reçu, mais là-bas, on en veut à l'homme uniquement parce qu'il est un homme. Ce ne sont pas des surveillants qui gardent des coupables, mais des êtres humains acharnés sur d'autres êtres humains. Des sergents ? Non pas, ce sont des dieux destructeurs. C'est notre squelette qu'ils veulent et non notre amendement.

Avec l'une de ses béquilles, il frappa la dalle de sa cage. Ce geste fit visiblement souffrir le paralytique.

— Une haine, monsieur l'agent principal, plus forte que ma douleur.

UNE VIE HUMAINE ENJEU D'UNE PARTIE

Un dimanche, dans un détachement de la province d'Oran.

Les détenus avaient récemment joué la vie du sergent-major aux cartes. Le sergent-major, quoique n'étant pas invité, avait, par bonheur, gagné la partie.

Ils étaient assis contre un mur, le derrière dans la poussière.

Un tirailleur gardait le lot. Il me prit pour un vigneron du domaine.

Je me présentai dans les règles. C'est un préambule important. C'est même le plus rude de la tâche. S'il s'agissait de s'amener et de dire : « Bonjour les gars, parlez le cœur sur la main », ce ne serait plus du travail, mais du plaisir. Je veux dire que ce serait plus commode. Il faut dire : « Je viens pour les journaux de Paris. C'est pour que ce qui se passe ne se passe plus. » Alors ils rient silencieusement d'un mauvais rire moqueur. On reprend : « Si chaque fois que l'on veut s'occuper de vous, on ne parvient qu'à vous faire rire, ce n'est pas étonnant que tout le monde vous plaque. » Souvent un gars répond : « Est-ce qu'on a été vous chercher ? » Alors on dit : « Aussi n'est-ce pas pour vous que je viens » et l'on passe à un autre.

Ayant bien compris ce que je venais faire :

— Comment voulez-vous que les sergents soient bons pour vous, puisque vous jouez leur vie aux cartes ?

— Vous mettez la chose à l'envers.

— C'est vous le caïd ?

Il sourit.

— D'ailleurs nous n'avons pas joué la vie du sergent.

— Bon ! Je ne suis pas de la police. Mais supposons que vous l'ayez jouée.

— Supposons. C'est que depuis des mois il aurait été féroce avec nous. Ce n'est donc pas nous qui l'avons rendu féroce en jouant sa vie. Ce n'est pas la même chose tout de même !

— En jouant sa vie, vous jouez la vôtre ?

— Les Guyanes valent bien mieux qu'où nous sommes.

— Vous ne savez pas ce que vous dites.

Et le mot de la situation finit par sortir :

— Dans la haine, sait-on ce qu'on fait ?

« LA MAIN INVISIBLE »

Dans une cour, vous ne trouvez pas les détenus allant et venant, ou arrêtés en son milieu. Ils sont l'épaule contre le mur.

— Leur est-il défendu de circuler ?

— Mais non !

Ils mettent un mur, dirait-on, entre leur dos et les attentats possibles des brodequins du cadre.

La visière de la casquette a les effets de l'abat-jour sur une lampe. Ce qui reste de lumière dans leurs yeux ne se répand pas, mais tombe à pic sur leurs pieds. Si leurs chaussures étaient bien cirées, c'est sur leurs chaussures qu'il faudrait chercher le reflet de leur regard.

Je regardais ce spectacle au camp d'Orléansville.

— Ils vont peut-être changer de place ? Je vais bien voir.

Ils continuaient de jouer les cariatides.

— Vous êtes sûr, demandai-je au sergent, qu'ils ne sont pas au piquet ?

— C'est leur manière, ils sont toujours comme ça.

Ils allèrent chercher leur soupe, les uns derrière les autres. Quand ils eurent la gamelle, ils regagnèrent leur place. Leur épaule retrouva leur grand ami le mur, et, debout, ils mangèrent.

— Il ne leur est pas permis de s'asseoir, ni de se grouper ?

— Mais si !

Cependant, l'un se déplaça, il s'en fut vers un camarade. Ce camarade râcla le fond de sa gamelle, puis la passa à son ami, alors l'ami lui donna sa propre gamelle à moitié pleine, et le camarade se remit à manger.

— Ce sont deux frères ?

— Oh ! Non, c'est un famélique, sans doute, et un autre qui n'a pas faim. Ou c'est un couple peut-être bien.

Ils n'avaient pas le droit de parler, mais le phénomène saisissant de cette cour n'était pas le silence, au contraire, c'était l'éloquence de l'attitude de ces hommes : tous avaient une main invisible sur la nuque.

Je m'avançai vers l'un, j'essayai de l'interroger. La main invisible fut plus forte que moi, il ne se redressa même pas.

« LE COPAIN DE CHINE »

Je vais vous présenter mon copain de Chine.

Il était en déménagement, il descendait de l'atelier des travaux publics de Bougie, sur le pénitencier d'Aïn-Beïda.

— Pourquoi nous déplace-t-on ?

— Pour faire des économies, Bougie est supprimé.

— Si l'on en est aux économies, l'État aurait mieux fait de ne pas me trimbaler de Pékin à Marseille et de Marseille à Alger.

Vous allez voir qu'il était bien, mon copain.

Quand je passai dans la cour de son atelier, il me reconnut.

— Vous n'étiez pas à Pékin, voilà deux ans ?

— Si.

— Ce n'est pas vous qui veniez voir le capitaine M... à la caserne Voyron ?

— Si.

— C'est moi qui vous ouvrais la porte chaque fois.

— Et qu'est-ce que vous fichez à Bougie ?

— Pour outrages.

— C'est le capitaine M... qui vous a envoyé ici ?

— Non ! C'est l'autre.

Il y a deux compagnies de marsouins à Pékin pour la garde de la légation.

— Est-ce que l'on n'aurait pas mieux fait de me mettre en prison à Tien-Tsin ?

— Qu'est-ce que vous avez fait ?

— Rien. Une histoire de marsouins. Devrait-on juger les marsouins comme de la vulgaire infanterie ? J'avais traîné dans les quartiers de Hata-Men et j'avais bu. L'adjudant a pris un pain sur la figure, ça c'est vrai, mais ce n'est pas l'adjudant que j'ai voulu cogner, c'est l'homme qui m'eng...lait quand j'étais saoul. J'ai eu deux ans.

— Et ici ?

— Ici ? C'est la baraque à massacre. Je suis soldat de métier, pas ? J'suis donc pas suspect ! Eh bien ! Je deviens antimilitariste. Est-ce que vous savez ce qu'on fait dans les pénitenciers ?

— Dites.

— Les fers, les coups de bottes, la crapaudine, la pelotte, la cravache et cent mille cochonneries. Mais c'est des choses pour des bêtes, tout ça ! Je suis un vieux soldat, moi ; je proteste au nom des vieux soldats. On est fait pour se battre, non pour être battu ! Depuis que je vois ce que je vois, j'peux plus voir l'uniforme.

Et mon vieux copain changea subitement de figure :

— Y m'ont donné de la haine.

— Monsieur, me dit un fonctionnaire, à Tunis, je ne sais ce qui se passe dans les pénitenciers militaires, mais je vais vous dire une histoire vraie. Vous avez vu le garçon qui vous a servi. Je l'ai depuis trois ans chez moi. C'est un brave garçon. Voilà quatre mois, j'invite un officier à dîner.

— Tu peux nous servir, dis-je à Étienne.

Mais Étienne disparaît. Nous attendons. Je sonne. Étienne ne vient pas. Je vais à la cuisine :

— Eh bien ! Qu'est-ce que tu fais ?

— Monsieur, dit-il, tout hors de lui, je ne puis pas vous servir, je m'en vais !

— Qu'est-ce que tu as ?

— Y m'en ont trop fait ! Y m'en ont trop fait !

— Qui ?

— Vous savez bien que j'ai été au pénitencier.

— Oui.

— J'peux plus les voir, plus les voir !

— Tu connais le capitaine ?

— Non, pas lui, tous !

Il se mit à pleurer. Puis, avec une cuiller, il frappait la table, à grands coups, comme pour l'assassiner, et dans ses larmes, il répétait :

— Y m'en ont trop fait, m'sieur ! Trop fait !

22.
Nous voulons aller a la Guyane

Maison-Carrée, près d'Alger.

Là, dans une prison, les condamnés aux travaux forcés attendent le bateau qui les transportera en Guyane.

Ces condamnés sortent des pénitenciers militaires.

Incendie volontaire, tentative de meurtre, meurtre, les ont conduits là. Le directeur de Maison-Carrée me dit :

— Quand ces hommes arrivent des travaux publics, je vois sur leur dossier : très dangereux, à surveiller de près. Ils franchissent ma porte. Ce sont des agneaux.

— À quoi cela tient-il ?

— Je ne fais pas de comparaison, je constate.

— Oui, j'ai entendu tous ces anciens soldats soupirer après la prison civile.

— L'amour des prisons civiles est professé par tous les détenus militaires.

J'allais voir, avec effarement, qu'ils professaient un autre amour.

Les prisons sont comme les bateaux. Elles sont munies, du moins on le dirait, de compartiments étanches. Mais dans ce cas, ce n'est pas pour que rien ne pénètre, c'est pour que rien ne sorte.

De compartiment en compartiment nous voici dans la cour centrale.

Les ateliers y prennent jour. Entrons dans celui-ci.

Plus de deux cents hommes, assis sur des bancs, tressent des lianes en silence. Beaucoup d'Arabes.

Au bout de la salle, seul devant un établi très bas, un Français travaille. C'est le chef d'atelier. Il fait un soulier.

— Voici un exemple, dit le directeur. Berton, dans un mouvement de colère, tua l'un de ses camarades, au pénitencier : vingt ans de travaux forcés. Berton arrive à Maison-Carrée. Sa conduite était si bonne que lors du premier convoi pour la Guyane, mon prédécesseur oublia Berton. Nous oublions ainsi quelquefois les condamnés. Ce n'est pas réglementaire, mais de bonne humanité. Bref, je viens de demander une grâce pour Berton. Ses vingt ans de travaux forcés vont être réduits à dix ans de prison. Comme il a fait huit ans, je le libérerai conditionnellement, dans quelques mois. C'est un homme sauvé. Mais il est courageux, *honnête*. Pas de bêtises, Berton ! Pas de bêtises, même si l'on tue votre chat.

Un chat ronronnait aux pieds de Berton.

— Monsieur le directeur, si une crapule tue mon chat, je tuerai la crapule, je l'ai dit.

Berton excite les jalousies. Pour qu'il commette une nouvelle faute, des détenus sont prêts à tuer son chat. Ainsi s'entr'aident les hommes !

— C'est que, dans les prisons ils s'attachent aux plus petits représentants de la vie, à un moineau, à un rat…

— À un cafard, dit Berton.

— Vauquier ?

Un homme se lève d'un banc commun.

— Voilà Vauquier ! Venez ici, Vauquier.

Vauquier vient à nous avec un regard très doux.

— Un ancien « camisard », vingt ans de travaux forcés pour meurtre, je crois.

— Pour meurtre, monsieur le directeur.

— Excellent détenu. Je veux le sauver comme Berton. Je le propose pour une grâce. Je le tire de la Guyane. Je lui annonce la bonne nouvelle, savez-vous ce qu'il fait : il pleure !

— De joie ?

— De déception ! Est-ce vrai, Vauquier ?

— Oui, monsieur le directeur. Ma bonne conduite m'a joué un vilain tour.

Ce sont des enfants. Pour eux, le terrible départ a des airs de fête. On sort de la prison, on descend à Alger, on monte sur un bateau, on vogue vers les tropiques...

— Là-bas ! On est libre, on fume ! On marche sur la terre ! dit Vauquier.

Ils oublient les fers, le ventre vide, l'enlisement. Ils ne voient que la mer, le soleil, le port ! Ce sont des littérateurs !

Un autre atelier.

Là, sont les relégués militaires.

Le directeur dit :

— Voici un cas de justice qui n'est pas clair. Ces hommes ne sont plus des détenus, ils ont fini leur peine, ce sont des relégués. Mais les relégués militaires ne vont pas à la Guyane. Alors comme on a oublié de leur fixer une autre résidence, on les retient sous les verrous. On les garde en prison, parce que l'on ne sait qu'en faire. Ils protestent et je ne puis que trouver juste leur protestation.

Tous se sont levés :

— Nous voulons partir pour la Guyane ! crient-ils. De quel droit aggrave-t-on notre peine ? Nous ne sommes plus des condamnés, à ce titre nous pouvons fumer. Mais nous sommes maintenus dans une prison, et, à ce titre, on nous supprime le tabac.

— En Guyane, le relégué est un forçat, leur dis-je.

— Nous voulons la Guyane pour fumer !

— Je vais vous expliquer ce que vous seriez en Guyane...

— Pourrait-on fumer ?

— Oui.

— Cela nous suffit !

— Monsieur le directeur, demande le plus vif, devrons-nous donner un coup de couteau pour sortir de prison ?

Avis aux législateurs.

Un autre atelier.

Ici sont les heureux. « Ceux qui vont partir pour la Guyane ».

Ex-camisards également.

— Lambelot !

Un homme jeune, élancé, correct se présente.

— Conduite exemplaire. Je veux le sauver. Il refuse. Lambelot, écoutez ce monsieur, il vous arrachera peut-être vos illusions.

— C'est vous qui demandez comme une grâce de partir pour la Guyane ?

— Je le demande en récompense de sept ans de bonne conduite.

Tableau des îles du Salut, des camps de forçats, des cases communes, de la déchéance.

Cinq ou six détenus écoutent.

— Eh bien ! Lambelot, fait le directeur, refusez-vous toujours la grâce ? Dans quatre ans, cinq ans au plus, vous serez libre. Autrement vous êtes perdu pour la vie.

— Si le jour du départ, Monsieur le directeur, il y avait une corde où passer la tête, j'y passerais ma tête plutôt que de ne pas partir.

— C'est l'espoir de l'évasion qui vous séduit ?

Tableau des évasions, de leur conséquence, des cachots noirs de Saint-Joseph.

— C'est la vie qui vous attend, dis-je.

Alors, l'homme jeune, avec un regard de mendiant :

— Ah ! Ne me découragez pas !

Et au directeur :

— Je vous supplie, ne demandez pas ma grâce !

— Promis, Lambelot.

En voici un autre dans le même cas.

— Avancez, Berthelot. Vous avez entendu ?

— Je ne suis bon qu'à être forçat, fait Berthelot.

— Depuis quatre ans que vous êtes ici, votre conduite est bonne, vous êtes un homme à sauver.

— Je veux partir pour la Guyane, laissez-moi.

— Mais enfin pourquoi ?

— Pour devenir un bon forçat, c'est mon métier.

— Réfléchissez, je vous donne encore une semaine.

— Par pitié, monsieur le directeur, croyez-moi, la liberté et moi ne sommes pas camarades. Je refuse ma grâce, c'est définitif.

— Mais avant peu vous retrouveriez la vie ?

— La vie est perdue pour moi. Je veux arriver le plus tôt possible à mon lieu dernier de destination.

— Vous êtes un bon cœur, mais un malade, Berthelot.

— Je me suis livré au tatoueur pour me faire du mal. C'est dans le même but que je demande la Guyane. J'ai six ans de bonne conduite. L'autre jour vous m'avez fait appeler et m'avez dit que vous en tiendriez compte ; tenez-en compte pour mon départ.

— Votre volonté sera faite, Berthelot.

— Bien, au revoir, monsieur le directeur.

— Quels sont les crimes de ces jeunes gens ?

— Tous pour meurtre dans les pénitenciers. C'était souvent pour défendre leur vie.

— Est-ce l'espoir de s'évader qui les attire en Guyane ?

— Ce ne peut être que cela.

En voici un troisième.

Ce troisième était aux écritures.

144

— Lui aussi refuse sa grâce.

— C'est un complot ?

— Non ! C'est normal. Bien entendu ils se montent la tête entre eux.

— Mais non, monsieur le directeur, dit l'écrivain, je n'ai rien combiné. Seulement si je vais à la Guyane, je suis dans mon élément, tous sont forçats. Si j'accepte ma grâce, je suis libre dans six ans. Après qu'est-ce que je fais ?

— Vous devenez un brave homme.

— Cela se dit, monsieur le directeur. En réalité, je m'installe dans une ville. Qu'il arrive une affaire quelconque dans cette ville, un vol, un crime, qui soupçonne-t-on ? Moi, l'ancien ! Le monde n'est pas bon, vous le savez. Et l'on commence par me coffrer. La vie d'un « ancien » n'est pas possible dans la société. Je serais toujours le coupable pour l'avoir été une fois. Là-bas, nous serons tous égaux.

Ils se jetaient, par dégoût, dans le trou de la Guyane.

Je leur redis ce qu'était le bagne. Ils ne m'écoutaient même plus.

Nous sortions.

— Je suis bon pour le premier bateau, Monsieur le directeur, n'est-ce pas ? demanda un chétif.

— Oui, Perrot.

— Ah ! Merci !

23
Fin

Suspendre des hommes par les reins.

Leur faire la "blague" de les laisser un après-midi dans une tinette.

Immobiliser un malheureux et lui sucer la figure pour aguicher les guêpes et les mouches.

L'attacher de telle façon qu'il ressemble à un crapaud. Si l'on attachait des crapauds pour leur faire prendre la forme des hommes, la Société protectrice des animaux interviendrait.

Comdamner un home à la peine de la soif et, quand la soif le torture, lui faire boire du sel fondu.

Le coucher nu entre deux fagots de branches épineuses et commander les violins. Je veux dire danser dessus.

L'obliger à porter de la chaux vive sur son épaule saignante.

L'étendre au milieu de la cour et le faire *directement* recouvrir d'immondices.

Le rosser, le piétiner, l'attacher à la queue d'un mulet.

Le livrer à la simplicité des *bons tiraillours* qui l'expédient dans un monde plus juste.

Et toute la lyre ! Toute la lyre !

En quel endroit de la terre règnent encore de semblables tyrans ?

Ce ne sont pas des tyrans, ce sont des sergents !

Albert Londres

Écrit spécialement pour Monsieur le Ministre de la Guerre

Voilà le résultat de l'œuvre des pénitenciers militaires.

C'est une grande honte pour la France.

Qu'importe que le ministre de la Guerre s'écrie : « Je n'ai pas voulu cela », si cela est ?

Un règlement qu'on n'applique pas ne peut servir d'excuse à d'aussi grotesques défaillances.

Ce n'est pas la discipline qui règne sur la justice militaire, c'est l'anarchie.

On voit, aux camps d'Afrique, des malheureux qui ne devraient pas y être. D'autres ont été condamnés à deux ans pour une faute. Pendant qu'ils accomplissent cette peine ils « commettent des gestes » : outrages à un sergent — outrages toujours provoqués par le sergent—, lacération d'effets pour échapper aux représailles inhumaines des chefs. Alors ils attrapent cinq ans, dix ans. Ce n'est pas de la justice, c'est du désordre moral.

Depuis vingt ans, le monde a fait beaucoup de progrès : On voyage dans les airs, on se parle à travers l'Océan et sans fil ! L'homme est en marche, du moins il le croit ! Seule, en France, la Justice est pétrifiée.

Nous avons de la répression l'idée qu'en possédaient nos grands-pères du Moyen Age et même ceux du Premier Age.

De belles phrases encombrent les projets de lois de nos corps législatifs. Mais ceux qui font les lois ne les appliquent pas et ceux qui les appliquent se moquent de ceux qui les font.

Un dresseur qui, loin de corriger les instincts sauvages de son animal, ne ferait que les aggraver ne serait lui-même qu'un incapable et stupide animal. Le sergent de Biribi est ce dresseur.

Comment procédons-nous pour guérir le condamné du vertige du mal ? Nous le saisissons par la peau du cou, et le maintenons au bord du précipice, sans oublier de lui botter le derrière avec délectation et assiduité.

L'heure est venue de voir plus clair en notre raison.

Biribi doit disparaître.

On peut entendre la chose de deux façons :

Faire de Biribi ce que le livre 57 voudrait qu'il fût.

Supprimer l'institution.

Dans le premier cas, des circulaires si corsées soient-elles seront impuissantes. Adjudants et sergents éclatent de rire devant les instructions du Ministre de la Guerre. Les menaces même, ne vaudront pas. Elles ne feront que décupler la terreur dans les camps. Présentement, le chaouch qui torture le détenu (l'expression est d'un général qui écrivait dans un rapport : « les sergents tortionnaires »), ce chaouch dit à l'homme : « Si tu parles, ton affaire est faite. » Et présentement le chaouch est assuré de l'impunité. Quand il craindra réellement la justice, il s'arrangera afin que le détenu ne parle pas.

Pour arrêter le scandale il faut :

1° Prendre tous les sous-officiers des pénitenciers et les mettre à la porte. Si même, par cette occasion on en fait passer quelques-uns par les guichets du conseil de guerre ce ne sera pas une erreur.

2° Appeler de jeunes sous-officiers qui eux ne seront pas tarés. Le recrutement opéré, instruire ces chefs de la tâche qui les attend. Leur tenir, par exemple ce langage :

— Vous allez avoir affaire avec des gamins (c'est la majorité). Ils ne sont pas tous coupables au même degré. Quatre-vingt sur cent ont été amenés là par des fautes de jeunesse ; Quelques-uns pour écarts de conduite qui n'entachent pas l'honneur. Nous voulons en faire des hommes propres et honnêtes. Nous n'avons pas trop d'hommes en France pour nous permettre d'en jeter chaque année plusieurs milliers par-dessus bord.

Nous vous donnerons une indemnité raisonnable (les sergents des Bataillons d'Afrique ont 3 francs 50 de prime par jour, les sergents des pénitenciers n'ont que 0 franc 40). Cela vous comptera comme campagne.

Si vous remplissez honnêtement votre mission, des propositions spéciales pour la médaille et le grade supérieur. Si vous la trahissez, le conseil de guerre sans pitié.

3° Ne pas lâcher un détachement dans le bled sans un officier ni un médecin choisis de la même façon.

4° Adjoindre à cet officier et à ce médecin un homme qui n'attendra ni avancement, ni indemnité ; un homme qui ne sera pas du siècle et travaillera pour les autres, non pour lui. Cet homme s'appelle un prêtre. Il ne s'agit pas de religion, mais d'intérêts moraux. Le détenu le plus ignorant des pratiques pieuses éprouve par instinct le besoin de cette présence désintéressée.

5° Chasser impitoyablement le sergent qui recevra de l'argent de l'entrepreneur pour « forcer » les hommes au travail. Si coupable que soit un détenu, la société ne le détient pas pour enrichir son gardien.

6° Nommer un inspecteur permanent qui n'aura pas de préoccupations hiérarchiques. Un monsieur qui deviendra inspecteur, non pour occuper un bon poste, mais un homme connaissant le milieu et possédant la foi. Un homme qui, à la fin de chaque année, dira au ministère de la Guerre : « Vous m'aviez confié tant d'égarés. Au lieu de les enfoncer, je les ai relevés. Je vous demande tant de grâces. De ceux-là, j'ai refait des citoyens. »

Hors ces mesures, le livre 57 restera sans force et Biribi sera toujours Biribi.

Supprimer Biribi ?

Exécuter ce programme, c'est atteindre le but.

On ne supprimera Biribi que pour le remplacer. Par les prisons civiles ? Il faudrait auparavant réformer les prisons civiles. Le mal est au cœur même de nos méthodes de répression. Dans ce domaine, nous faisons plus que de manquer d'humanité, nous manquons d'intelligence.

L'idée de faire travailler des jeunes hommes en plein air vaut mieux que celle de les enfermer dans une citadelle. C'est aussi l'opinion des détenus. Ce n'est pas à la peine que nous en avons, c'est à la manière déloyale dont on l'applique.

Tant que l'on dira d'un détenu : « C'est un charognard, qu'il crève ! » nous en ferons un double charognard. Traitons-le avec le sang-froid que devrait nous donner le sentiment de notre force, et nous le relèverons. Ce n'est pas une utopie. Les rares chefs qui, au risque de leur carrière, rompant avec le dogme administratif, firent de leur mission un sacerdoce, ont tous réussi. Ailleurs, l'Amérique et la Suisse nous l'ont prouvé. Seuls prétendent le contraire les gens qui vivent de cette honte et ceux qui parlent sans savoir.

ALBERT LONDRES

FIN

Albert Londres

Table des matières

Dépôt légal : Novembre 2016

www.ingramcontent.com/pod-product-compliance
Lightning Source LLC
Chambersburg PA
CBHW050130280326
41933CB00010B/1323